OBERINNTAL
KAUNERTAL – SAMNAUN

Wandererlebnis
Wege • Hütten • Orte

KOMPASS
Wanderbücher

2. Auflage, 1994

Wegbeschreibungen und Begehungen: Hartwig Röck, Landeck
Geologie: Dr. Ingrid Fleischmann-Niederbacher, Klosterneuburg
Redaktion: KOMPASS-Verlag, Innsbruck

Titelbild: Schloß Wiesberg im Stanzer Tal mit den Lechtaler Alpen (Dr. Wagner)
Innentitel: Prutz mit dem Kaunergrat (Veit)
Rückseite: Schneerose (Hagner)
Abendstimmung (Hagner)

Bildnachweis:
Gebhart S. 81; Mallaun S. 11, S. 14/15, S. 17, S. 20, S. 23, S. 25, S. 36/37, S. 114/115; Röck S. 6, S. 35, S. 43, S. 45, S. 50, S. 55, S. 62, S. 71, S. 73, S. 83, S. 89, S. 97, S. 112, S. 118; Tourismusverband Kaunertal S. 99; Veit S. 105; Dr. Wagner S. 93.

ISBN 3-87051-315-2
Verlagsnummer 909

Da die Angaben eines Wanderführers in der heute so schnellebigen Zeit fast ständig Veränderungen unterworfen sind, kann für die Richtigkeit keine absolute Gewähr übernommen werden. Auch lehrt die Erfahrung, daß Irrtümer nie ganz zu vermeiden sind. Für Berichtigungen und Verbesserungsvorschläge ist die Redaktion daher stets dankbar. Korrekturhinweise bitte an folgende Anschrift:
Fleischmann & Mair GmbH, Kaplanstraße 2, A-6040 Innsbruck/Rum.

Wir danken den Tourismusverbänden des Bezirkes Landeck für die freundliche Unterstützung bei der Beschaffung von Unterlagen.

Vorwort

Mit dem Wanderbuch »Oberinntal – Kaunertal–Samnaun« wird die erfolgreiche Serie der KOMPASS-Wanderbücher fortgesetzt, die dem Urlaubsgast, Bergwanderer und Naturliebhaber die schönsten Ausflüge und Hochtouren im Bezirk Landeck vorstellen.
So findet der Bergsteiger und Hochtourist ebenso seine Gipfel wie der Familienvater, der am Wochenende einen Halb- oder Ganztagesausflug unternehmen möchte. Auch der Kulturliebhaber wird einige Tips finden, die ihn zu Sehenswürdigkeiten im Zuge seiner Wanderung bringen. Zahlreiche gut geführte und einladende Schutzhütten dienen als Stützpunkte für Gletscherbegehungen oder die Eroberung eines Dreitausenders. Die Schönheit und Vielfalt der Landschaft wird den Besucher unseres Bezirkes veranlassen, das eine oder andere Mal wiederzukommen, um die Täler und Höhen näher kennenzulernen. Hierzu bietet die Lage von Landeck unzählige Möglichkeiten. Im Norden von den Lechtaler Alpen mit dem höchsten Berg der Nördlichen Kalkalpen, der Parseierspitze, 3.036 m, im Osten vom Aussichtsberg Venet, im Süden von der Samnaungruppe und im Westen von der Verwallgruppe umgeben, ist die Bezirkshauptstadt Landeck idealer Ausgangspunkt für Ausflüge in das Stanzer Tal, Obere Gericht, Paznaun- oder Kaunertal. Nicht nur die bekannten Touren auf den Furgler, Glockturm, Zirmegg oder Hoher Riffler, sondern auch stille Wanderungen, wie zur Ganatschalpe, Große Baumwiesen, Griesboden oder Gsallalm, im Gebiet des Pfundser Tschey oder bei Hochgallmigg sind in dem vorliegenden Wanderbuch enthalten, das vor, während und nach der Tour wertvolle Hinweise für den Bergsteiger bietet.
So wird dieses Bändchen sicherlich in Kürze bei vielen Wanderern im Rucksack zu finden sein, die in Tirols Bergen Erholung und Entspannung suchen.

Schöne Wanderungen wünscht Ihnen

Ihre KOMPASS-Redaktion

Inhaltsverzeichnis

Kaunertal - Samnaun

Oberinntal – Kaunertal – Samnaun

Das vorliegende KOMPASS-Wanderbuch »Oberinntal – Kaunertal – Samnaun« umfaßt die Ortschaften im **Stanzer Tal**, das **Paznaun** bis Ischgl, das **Kaunertal** und das **Obere Gericht** mit dem Zollausschlußgebiet **Samnaun.** Eine Auswahl von 70 der schönsten und empfehlenswertesten Touren und Ausflugsmöglichkeiten dieser im **Bezirk Landeck** gelegenen Ortschaften stellt dieses Büchlein vor.
Weitere Wanderungen und Bergtouren im Stanzer Tal und Paznaun finden Sie im KOMPASS-Wanderbuch 910 »Arlberg – Silvretta«.

Geschichte

Daß diese Gegend bereits vor der Eroberung durch die Römer besiedelt war, bezeugen Bronzefunde um Ried. Anscheinend führte schon damals ein Handelsweg über den Reschenpaß. Nachdem der römische Feldherr Drusus 15 v. Chr. in das nördliche Alpengebiet vorgedrungen war, erbauten die Römer die berühmte Via Claudia Augusta, die durch viele Jahrhunderte den wichtigsten Verbindungsweg zwischen Italien und der Stadt Augusta Vindelicorum, Augsburg, darstellte. Auf ihr zogen die ersten christlichen Glaubensboten gegen Norden. An den bedeutendsten unter ihnen, St. Valentin, erinnert noch heute die Pfarrkirche in Nauders. Während der Völkerwanderung besetzten zunächst die Ostgoten, dann die Bajuwaren das Gebiet rings um den Reschenpaß. Später sicherte sich Karl der Große den wichtigen Handelsweg. Damals wurde Finstermünz zu einer sogenannten Mallstätte, einem Gerichtsort. Nauders, das zu jenen Zeiten Nuders hieß und von den Rätoromanen Danuder genannt wurde, erhielt eines der vier Vinschgauer Gerichte als Tagungsort. Die Gerichtsbarkeit übten die Tarasper Grafen, nach ihnen andere Geschlechter aus. Während des 12. und 13. Jahrhunderts brachten dann die Tiroler Grafen die Hoheitsrechte an sich. Sitz der Pfleger war Schloß Naudersberg. Die Dingstätte befand sich in Martinsbruck. Der Gerichtsbereich umfaßte das Gebiet von Finstermünz bis zur Malser Haide, Samnaun, ja sogar Ischgl und Galtür im Paznauntal und das Engadiner Land von Martinsbruck bis Zernez. Kirchlich unterstanden alle Ansiedlungen den Bischöfen von Chur. Von Bedeutung war zeitweise auch der Einfluß der Mönche des Benediktinerstiftes Marienberg bei Burgeis. In den Zeiten der Herzogin Margarete Maultasch wurde die Bevölkerung des allmählich aufblühenden Landstriches von Naturkatastrophen, Heuschreckenplagen, der Pest und Brandschatzungen einander bekämpfender Parteien schwer heimgesucht. Das heutige Hotel Maultasch in Nauders soll Besitztum der »häßlichen Herzogin« gewesen sein. Mit der Übergabe Tirols an das Haus Österreich wurde auch das Reschengebiet mit den angrenzenden Landschaften habsburgisch. Anno 1414 zogen Papst Johannes XXIII. und Herzog Friedrich mit der leeren Tasche von Tirol über den Reschenpaß zum Konstanzer Konzil. Heftige Streitigkeiten zwischen den Engadiner »Bündnern« und den Tiroler Landesfürsten führten zu blutigen Fehden. Bekannt geworden ist der »Hennenkrieg« des Jahres

◂ *Herbststimmung mit Feichtener Karlspitze (Kaunergrat)*

1475, das blutigste Jahr wurde aber das Jahr 1499, als die Engadiner nach ihrem Sieg an der Calve weit über den oberen Vinschgau vordrangen und auch Nauders geplündert wurde. Erst der Friede von Basel brachte mit der Lostrennung des Engadins wieder Frieden. Die Engadiner fielen dann, zweihundert Jahre später, während des Dreißigjährigen Krieges erneut in die Landschaft ein und plünderten. Dasselbe Schicksal widerfuhr den Ortschaften während der französischen Revolutionskriege, als 1799 die Franzosen die Österreicher bei Martinsbruck aus ihren Befestigungen warfen. Damals wurde auch Nauders wieder gebrandschatzt. Während der Freiheitskämpfe von 1809 nahmen alle Wehrfähigen des »Obersten Gerichts« an den Kämpfen im Inntal teil. Zuvor hatten die Bayern, 1808, den vorher zum Bistum Chur gehörigen Teil des »Gerichts« dem Bistum Brixen einverleibt. Das Reschengebiet kam dann 1814 zusammen mit dem übrigen Nord- und Südtirol wieder an Österreich zurück. In den Zeiten der italienischen Kriege von 1848/49, 1859 und 1866 beteiligten sich die Aufgebote des oberen Inntales und des Obervinschgaus am Verteidigungskampf an der südlichen Grenze Tirols und im Ortlergebiet. Auch im Ersten Weltkrieg wurden von 1915 bis 1918 die ältesten Männer und die jüngsten Burschen zur Besetzung der Ortlerlinie als Standschützen aufgeboten. Der Friedensvertrag von St. Germain, 1919, zerriß die Einheit Tirols und damit auch die Zusammengehörigkeit des »Obersten Gerichts« mit dem Oberen Vinschgau. Das Gericht Naudersberg wurde aufgelöst. Die neue Staatsgrenze verläuft seitdem wenige Kilometer südlich von Nauders. Der Ort blieb österreichisch und wurde dem Gerichtsbezirk Ried zugeteilt. Reschen, Graun und St. Valentin gehören seither zum Südtiroler (italienischen) Gericht Mals. Den Haupterwerb der Bevölkerung während der früheren Zeit bildete die Viehzucht und Almwirtschaft. Größere Flächen für eine etwas ergiebigere Landwirtschaft finden sich erst im Inntal bei Prutz und im Raum Landeck und im Vinschgau südlich der Malser Haide. Doch waren die Erträge auch hier sehr bescheiden. Die Bergbauern dieser Gegend fristeten ihr Dasein durch Jahrhunderte in großer Armut. Ein besonderes Merkmal der Dürftigkeit waren die sogenannten »Schwabenkinder«. Mit dem Beginn des Sommers wurden die Kinder vieler Familien als Hirten und Hofläufer in das Bodenseegebiet geschickt. Einige Ortschaften erlebten dann nach dem Ende des Ersten Weltkrieges einen namhaften Aufschwung durch den einsetzenden Fremdenverkehr. Dies waren die Höhenkurorte Ladis und Serfaus. Nach dem Zweiten Weltkrieg brachten einschneidende Verbesserungsmaßnahmen der Nordtiroler wie Südtiroler Landesregierungen der Niederlassungen zu beiden Seiten der Staatsgrenze eine fühlbare Besserung der wirtschaftlichen Lage. Der Hauptteil eines sichtbar gewordenen Aufschwunges aber ist dem Fremdenverkehr zu verdanken.

Das Überschreiten der österreichisch-italienischen Grenze ist nur an der offiziellen Übergangsstelle, dem Reschenpaß, erlaubt. Bei Wanderungen im gesamten Grenzgebiet ist es notwendig den Personalausweis mitzuführen.

Geologie

Das Gebiet des vorliegenden Wanderbuches gliedert sich in die Nördlichen Kalkalpen und die südlich anschließenden Zentralalpen. Die Zentralalpen werden in das Silvrettakristallin im Westen und das Ötztalkristallin im Osten unterteilt. Sie bilden den Rahmen des im Engadin auftretenden Untergrundes, des sogenannten Engadiner Fensters. Silvretta- und Ötztalkristallin sind sich im Gesteinsbestand sehr ähnlich. Sie werden vor allem von Gneisen, Glimmerschiefern und Amphiboliten des Paläozoikums (Erdaltertum) aufgebaut. Diese Gesteine wurden durch Versenkung unter höheren Druck- und Temperaturbedingungen (einige 100° C) umgewandelt und zeigen Spuren von mehreren Gebirgsbildungen. So durchfließt heute der Inn die Gesteine des Engadiner Fensters, welche dem Penninikum angehören. Diese Zone zieht sich, von der Schweiz kommend, über das Engadin, den Zentralbereich der Tauern bis ins Burgenland und bildet gewissermaßen das geologische Rückgrat der Alpen. Das Hauptgestein sind die Bündner Schiefer, wie sie z. B. entlang der Straße zum Reschenpaß vorkommen. Stellenweise sind Grüngesteine (Ophiolithe) eingelagert, die ursprünglich vulkanisch gebildeten Ozeanboden aus der Jurazeit darstellen.
Nördlich von Silvretta- und Ötztalkristallin verläuft die Landecker Quarzphyllit- und Phyllitgneiszone vom Arlberg zum Venet östlich von Landeck. Auch schiefrig-blättrige Gesteine wurden vom Arlberg-Straßen- und -Eisenbahntunnel zwischen Langen und St. Anton am Arlberg durchörtert.
Die Grenze zwischen Kalkalpen und Zentralalpen zieht entlang des Klostertales, des Arlberg, nördlich des Stanzer Tales ins Inntal und trifft bei Zams auf die Südseite des Inn (Zammer Berg). Die Kalkalpen bestehen hier aus zwei übereinanderliegenden Paketen, der tieferen Lechtaldecke und der höheren Inntaldecke. Die Schichtfolge besteht aus Gesteinen der Trias, des Jura und der Kreide. Hauptfelsbildner ist der helle, obertriasische Hauptdolomit, der mit der Parseierspitze (3.036 m) den höchsten Gipfel der Kalkalpen aufbaut. Wie in den gesamten Alpen wurde die Landschaft in jüngerer geologischer Zeit (Quartär) durch die Gletscher der Eiszeiten geformt. Die Vergletscherung der Ötztaler Alpen und der Silvrettagruppe sind Reste der ehemals ausgedehnten Vereisung, die durch Moränenablagerungen und Gletscherschliffe ihre Spuren hinterlassen hat. Morphologisch interessant sind die aus der Nacheiszeit stammenden Hochmoore am Piller Sattel, die sich in Toteislöchern angesiedelt haben.

Volkskunst und Brauchtum

Die Vielgestalt des Volkstums ist in Tirol besonders ausgeprägt. Die malerisch weiß-getünchten Häuser mit viel bearbeitetem Holz, geschmückt mit Erker und Kruzifixen, davor ein blühender Garten ist Zier und Augenweide. Im Oberen Gericht finden sich an den schmucken Häusern wertvolle Fassadenmalereien und Sgraffitoarbeiten. In alten Höfen werden häufig herrlich bemalte Schränke (Kästen) und Truhen

aufbewahrt. Leider hat die Suche des Städters nach alten, bäuerlichen Gebrauchsgegenständen manch Bauern veranlaßt, die eine oder andere Antiquität zu verkaufen. In vielen Orten Tirols erfreuen sich Theaterspielgruppen, Singvereine und Tanzgruppen großer Beliebtheit. Die Lust und Freude an der Farbe kommt so recht bei den Trachten – von Tal zu Tal unterschiedlich – zum Ausdruck. Altes, überliefertes Brauchtum wird ganz besonders gepflegt:
Das Sternsingen am Heilig-Drei-König-Tag, 6. Januar. Das »Blochziehen« in Fiss zum bevorstehenden Abschied des Winters. Fast kaum noch spürbares, heidnisches Brauchtum, weil von christlichen Motiven überlagert, bestimmt die meist sehr aufwendige Gestaltung des Osterfestes mit Palmsonntag, Palmprozession mit Palmweihe und den Osterfeuern. Prunkvoll wird das Fronleichnamsfest in katholischen Gemeinden gefeiert. Das Sonnwendfeuer, auch Johannisfeuer, wird ebenfalls als überlieferter heidnischer Brauch angesehen. Die mächtigen Geister und Dämonen sollen an diesem Wendepunkt des Jahres besonders günstig gestimmt werden. Die Johannisfeuer, besonders auf den Gipfeln der Berge entzündet, vermitteln ein romantisches Bild in der Sommernacht. Im Herbst werden die während der Sommerzeit auf den Almen weidenden Jungkühe festlich geschmückt und untergroßem »Hallo« ins Tal getrieben.
Der Dialekt im Westen Tirols ist unverkennbar. Das Alemannische hat starken Einfluß genommen. Auffallend sind die Kehllaute, das klotzige »k« und »ch«. Das »s« innerhalb eines Wortes wird in ein »sch« verwandelt. Typische mundartliche Bezeichnungen sind: Marende (Brotzeit), g'heit (gehabt), inkofen (einkaufen), oda eppa it (ist es vielleicht nicht so), aufstankern (Heu zum Trocknen aufhängen).

Flora und Fauna

Entsprechend dem geologischen Aufbau beherbergen die Kalkalpen eine andere Flora als die kristallinen Gesteine der Zentralalpen. Die Waldgrenze liegt in den Kalkalpen, d. h. nördlich des Inns, bei ca. 1.700 m, in den Zentralalpen bei 1.800 m. Es überwiegen Fichte, Tanne, Kiefer und Lärche. In den Zentralalpen findet man jedoch auch große Bestände an Legföhren. Diese gedeihen in den Höhen der Bergtäler und über der Baumgrenze, man nennt sie hier »Latschen« und Zirbelkiefern. Selten trotzen auf hochgelegenen Talböden zerzauste Bergahorne Wind und Wetter.
Den Reigen der Blumen führen im Frühjahr die Schneerose, Bergkrokus und Soldanelle an. Es folgen Leberblümchen, selten Aurikel (Platenigl), Enzian und der Seidelbast. Im Juni und Juli blühen die Alpenrosen, die Kohlröschen (Brunellen) und das Edelweiß. Reizend und artenreich sind Schneetälchenflora und Polsterwuchspflanzen. Selbst in der Nähe der Gletscher leben noch Blumen: der Gletscherhahnenfuß und Moose sowie Flechten.
In den Graubündner und Tiroler Bergen finden wir, oft in Rudeln, guterhaltene Bestände aus Reh-, Hirsch- und Gamswild. Im Kaunertal nimmt die Population des Stein- und Muffelwildes immer mehr zu. Ge-

Steinböcke

sichert sind auch die Lebenschancen der Murmeltiere, der Schneehühner und verschiedener Greifvögel, wie der Bussard oder der Habicht. Immer mehr zurückgedrängt werden jedoch als Kulturflüchter das Birk-, Hasel- und ganz besonders das Auerhuhn. Sehr selten sieht man den König der Lüfte, den Steinadler, seine Kreise ziehen. An Kriechtieren seien noch Kreuzotter, Ringelnatter, Berg- und Zauneidechse und der Schwarze Bergsalamander genannt. Geschützt und nur in Hochlagen anzutreffen ist der äußerst seltene Apollofalter.

Oberinntal – Kaunertal – Samnaun – ein Ziel zu jeder Jahreszeit

Die Vielseitigkeit der Landschaftsgestaltung im Bezirk Landeck mit dem Stanzer-, Paznaun-, Samnaun- und Kaunertal sowie dem Oberen Gericht bietet dem Urlaubsgast während des ganzen Jahres eine reiche Auswahl an Erholungs-, Wander- und Sportmöglichkeiten. Wer aber ganz ausspannen will, fern jeder Betriebsamkeit, auch für diesen stehen verschiedene Orte zur Wahl, die Privatpensionen und »Urlaub am Bauernhof« vermitteln.
Während des Frühjahrs sind die Skigebiete am Arlberg, in Ischgl, Serfaus, Nauders und Zams in Betrieb, wenn sonnenhungrige Skifahrer auf den Höhen den Firnschnee suchen. Als Ganzjahresskigebiet ist der Weißseeferner im Kaunertal ein Begriff für alle, die weitläufige Pisten und ein herrliches Gebirgspanorama lieben. Die stillen Seitentäler im Oberen Gericht stehen im Frühsommer in voller Blüte und bieten entlang der rauschenden Bäche ausgedehnte Wandermöglichkeiten (Radurscheltal, Pfundser Tschey, Platzalm).
Während des Sommers erweitern sich die Tourenmöglichkeiten auf die Kämme und Gipfel der Samnaun- und Verwallgruppe. Auch die Kare und Rinnen in den Lechtaler Alpen werden aper und lassen Gipfelbesteigungen für den Geübten zu. Hochtourenwochen alpiner Vereine bringen dem erfahrenen Bergsteiger die Gletscherwelt der Ötztaler Alpen nahe. Die Besteigung von Glockturm, Weißseespitze, Fluchtkogel oder Hochvernagtspitze zählen zu den großartigsten Erlebnissen eines Bergurlaubes mit bleibender Erinnerung. Wer leichtere Besteigungen vorzieht, nimmt eine der zahlreichen Bergbahnen als Aufstiegshilfe (z. B. Kölner Haus – Furgler). Für Familienwanderungen und für die kleinen Bergsteiger sind die Almböden mit ihren mäandrierenden Bächen ein wahres Eldorado, genauso wie die zahllosen Bergseen in der Verwallgruppe.
Spätsommer und Herbst bieten ein nicht nur landschaftlich buntes Bild, wenn die ausgedehnten Lärchenwälder und wettergebräunten Almhütten zu einem letzten Sonnenbad einladen, sondern auch weitreichende Fernsicht. So blickt man von einem höheren Gipfel bis weit hinein in die Schweizer Gebirgswelt. Solange die Hütten bewirtschaftet sind, was in den meisten Fällen bis Mitte September der Fall ist, ist die Begehung des Europäischen Fernwanderweges E4-alpin durch die Lechtaler Alpen empfehlenswert (siehe Seite 116 ff »Höhenweg durch die Lechtaler Alpen«).
Im Winter werben die Fremdenverkehrsorte mit schneesicheren Pisten, gutgespurten Loipen, Schwimmen im Hallenbad und Apres-Ski-Abenden. Abwechslungsreich sind die Mondscheinrodelpartien und die winterlichen Spaziergänge auf geräumten Wanderwegen.
So gesehen ist man allerorts bemüht, dem Urlaubsgast in freundlicher Atmosphäre einen angenehmen Aufenthalt zu bieten, der durch die Gebirgslandschaft zu einem Erlebnis abgerundet wird, das man gern ein weiteres Mal erleben möchte.

Allgemeine Tips für Wanderungen und Bergtouren

Es ist sicherlich nicht Aufgabe eines Wanderbuches, einen vollständigen Katalog der **Bergausrüstung** aufzustellen, denn jeder einzelne wird aus Erfahrung wissen, wieviele Pullover er als Kälteschutz benötigt oder wieviel Gepäck er in seinem Rucksack unterzubringen versteht. Die Beschaffenheit des Gebirges bringt es mit sich, daß die Routen, die oftmals durch steiles Felsgelände gehen, vernünftiges Schuhwerk erfordern. Halbschuhe, Sandalen oder zu leichte Wanderschuhe geben im Fels oder auf feuchten Wiesen keinen Halt und gefährden zusätzlich unsere Begleiter. In extremen Fällen, etwa im Frühjahr bei Firn, beim Queren von Altschneerinnen oder bei steilen Wiesen, leistet ein **Pickel** unschätzbare Dienste, genauso wie ein kurzes Bergseil, das dem Bergunerfahrenen und Kindern, richtig gehandhabt, neben psychologischer auch tatsächliche Hilfe bietet. Ein guter Anorak oder ein Schirm sind bei einem Regenguß sicherlich wertvoll. Die **Wanderapotheke** wird hoffentlich ungebraucht im Rucksack bleiben, doch bei Abschürfungen ist eine desinfizierende Salbe und ein Hansaplast gewiß willkommen, wie auch ein paar Sicherheitsnadeln, falls der Hosenstoff beim Abstieg leiden sollte. Gegen die starke Sonnenstrahlung schützt am besten eine Kopfbedeckung, eine Sonnenbrille und ein Sonnenschutzmittel. Auf Gletscherhochtouren ist die Mitnahme eines autorisierten Bergführers zu empfehlen.
Bei Unfällen ist die nächste Bergrettungsstelle zu verständigen. Ist direkte Hilfeanforderung unmöglich, kann durch das **alpine Notsignal** Hilfe herbeigeholt werden. **Hilfeanforderung:** 6 Signale pro Minute in Abständen von je 10 Sekunden, eine Minute Pause, wieder 6 Signale usw. **Antwort:** 3 Signale in einer Minute in Abständen von je 20 Sekunden, eine Minute Pause, dann wieder 3 Signale usw.
Die **Schwierigkeitseinteilung** leicht – mittel – schwer richtet sich **nicht** nach der UIAA-Skala (von leicht bis äußerst schwierig), sondern wurde unter dem Gesichtspunkt der für einen durchschnittlichen Wanderer zu überwindenden Höhenmeter, der Schwierigkeit des Weges und der Einkehr- und Rastpunkte ausgewählt.
Die Schwierigkeit und der angegebene Zeitaufwand stellen unverbindliche Empfehlungen dar, – sie können je nach Witterungseinflüssen und Geländeverhältnissen von den angegebenen Werten mehr oder weniger abweichen.

Kennzeichnung der Schwierigkeiten:

● leichte Wanderung, auch für Kinder
● mittelschwere Wanderung
● schwere Wanderung, nur für schwindelfreie Geübte!

Zeichenerklärung zu den Tourenprofilen:

Gasthaus, Unterkunftshaus
Aussichtspunkt, Rundblick
unbewirtschaftete Hütte, Unterstandsmöglichkeit
Sessellift

Stanzer Tal

Stanzer Tal

Westlich von Landeck beginnend zieht sich das Tal bis zum Arlberg hinauf. Es wird nördlich von den Lechtaler Alpen und südlich von der Verwallgruppe begrenzt und von der nordöstlich der Fädnerspitze mitten im Verwall entspringenden Rosanna bis zur Trisannabrücke durchflossen. Hier nimmt das Tal die aus dem Paznaun kommende Trisanna auf. Bis zur Mündung in den Inn bei Landeck heißt der Fluß dann Sanna. Drei Verkehrsverbindungen gehen durch das Stanzer Tal: Die alte Arlbergstraße zum Arlbergpaß, die Schnellstraße zum fast 14 km langen Arlbergtunnel und die auf zahlreichen Kunstbauten errichtete Trasse der Arlbergbahn zum 10 km langen Tunnel. Früher war das Stanzer Tal bekannt für die Schellen- und Waffenschmiedekunst.

Ortsbeschreibungen:

FLIRSCH

Gde., Bez. Landeck, Einw.: 950, Höhe 1.154 m, Postltz.: A-6572. **Auskunft:** Tourismusverband Flirsch. **Bahnstation:** im Ort. Busverbindung mit St. Anton und Landeck.

Flirsch ist eine alte Siedlung und frühere Poststation, wo die alte Römerstraße über den Arlberg den Talboden erreicht. Hier wurde im späten Mittelalter nach Silber und Kupfer gegraben. Die im Norden des Dorfes steil ansteigende Eisenspitze (2.859 m) ist geologisch ein sehr interessanter Berg. Man findet Marmor, Tuff und Alabaster.

◂◂ *Am Lechtaler Höhenweg (Blick ins Stanzer Tal)*

Sehenswert

Die 1482 erbaute **Pfarrkirche zum hl. Bartholomäus,** verändert und mit Fresken von J. Strickner versehen im Jahre 1812. – Die **Gondebachbrücke,** eine schöne Holzbrücke aus dem 19. Jh.

Der Hintersee in den Lechtaler Alpen

PETTNEU am Arlberg

Gde., Bez. Landeck, Einw.: 1.250, Höhe 1.222 m, Postltz.: A-6574. **Auskunft:** Tourismusverband Pettneu am Arlberg. **Bahnstation:** im Ort. Busverbindung mit St. Anton und Landeck. **Bergbahnen:** Sessel- und Schlepplifte.

Zur Gemeinde Pettneu am Arlberg gehört die Ortschaft Schnann. Die älteste Urkunde bezeichnet Pettneu noch als Pudnew. Im 16. Jh. erscheint der Name Bathnew. Die Ortschaft liegt am Fuße des Hohen Rifflers (3.168 m) in schöner und aussichtsreicher Umgebung.

Sehenswert

Pfarrkirche Maria Himmelfahrt, 1717 spätgotisch erweitert. Fresken von A. Kirchebner, 1759. – **Kalvarienbergkapelle,** 1784, von J. Rutz, der zweimal auf wunderbare Weise vom Tode errettet wurde, gestiftet. – Die **Sebastiankapelle.** – Die **Pfarrkirche zum hl. Rochus** in Schnann. – **Schnanner Klamm.**

ST. ANTON am Arlberg

Gde., Bez. Landeck, Einw.: 2.300, Höhe 1.286 m, Postltz.: A-6580. **Auskunft:** Tourismusverband St. Anton am Arlberg. **Bahnstation:** im Ort. Busverbindung mit Lech, Bludenz und Landeck.
Bergbahnen: Seilbahnen, Sessel- und Schlepplifte.

Die höchstgelegene Gemeinde im Stanzer Tal ist ein internationaler Luftkur- und Wintersportort. Heute besteht das Dorf fast zur Gänze aus neuen modernen Hotels und Pensionen. Durch seine Lage und die vielen Bergbahnen ist es als Ausgangsort hervorragend für Hochtouren geeignet. Seinen Ruf als Skizentrum verdankt es der von Hannes Schneider gegründeten Arlberger Skischule und dem berühmten Arlberg-Kandahar-Rennen. Weiter wurde St. Anton durch die drei Verkehrswege nach Vorarlberg im Zuge der österreichischen Ost-West-Verkehrsverbindung bekannt. Schon im Jahre 1386 wurde das Hospiz auf dem Arlbergpaß von Heinrich dem Findelkind erbaut, welches an der Arlbergpaßstraße liegt. 1786 wurde der erste Fahrweg anstelle des alten Saumweges und 1824 eine befestigte Straße über den Arlberg gebaut. In den Jahren 1880–1884 wurde die Arlbergbahn gleich zweigleisig mit dem über 10 km langen Eisenbahntunnel erbaut. Im Winter war dies mit den Autozügen die einzige durchgehende Verkehrsverbindung, deshalb wurde im Jahre 1973 mit dem Bau des Arlbergstraßentunnels begonnen. Am 1. Dezember 1978 konnte dieser nur für ein paar Monate längste Straßentunnel (13.972 m) der Erde eröffnet werden. Inzwischen ist dies der 16 km lange Gotthardtunnel.

Sehenswert
Pfarrkirche Mariahilf von 1691, erweitert 1932. – **Stiegenegg-Kapelle** mit spätgotischem kleinen Altar und Schnitzstatue. – **Thöny-Haus,** ältestes Haus im Ort, war im Mittelalter Zolleinnahmestelle. – **Denkmal** für den Erbauer der Arlbergbahn, Oberbaurat Ing. Julius Lott, 1883 gestorben. – Die **Lourdeskapelle** in Nasserein.

STRENGEN

Gde., Bez. Landeck, Einw.: 1.200, Höhe 1.012 m, Postltz.: A-6571. **Auskunft:** Tourismusverband Strengen. **Bahnstation:** Strengen, auf der anderen Talseite, 1.023 m, 1/4 Std.

Strengen liegt am linken Rosannaufer. Der Ort besteht aus zwei Teilen; an der Straße zum Arlberg das neuere Dorf, auf den Hängen darüber das alte Stammdorf Rallsberg. Strengen war im 18. Jh. Zollstation. Der Name Strengen stammt von einem früheren Besitzer: Streng. Die Häuser am Rallsberg (häufig romanische Namen) sind sonnig, während im Talboden vom November bis Lichtmeß (2. Februar) keine Sonne scheint.

Sehenswert
Kirche zum hl. Martin, 1755 erbaut. 1852 wurden drei romanische Altäre errichtet; Fresken von Josef Knabl, 1874. Prachtvolle Figurengruppe von A. Thamasch, 1690. – **Rosannabrücke,** 1765 erbaute, gedeckte Holzbrücke. – Zahlreiche **Kapellen.**

Wanderungen und Bergtouren im Stanzer Tal

1 **Wanderung:** St. Anton – Erzherzog-Eugen-Weg

Ausgangspunkt: St. Anton
Parken: Parkplatz Rendlbahn
Höhenunterschied: ca. 200 m
Wanderzeit: 1½ Std.
Schwierigkeitsgrad: leicht!

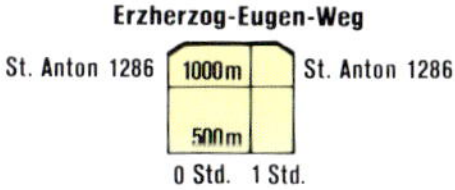

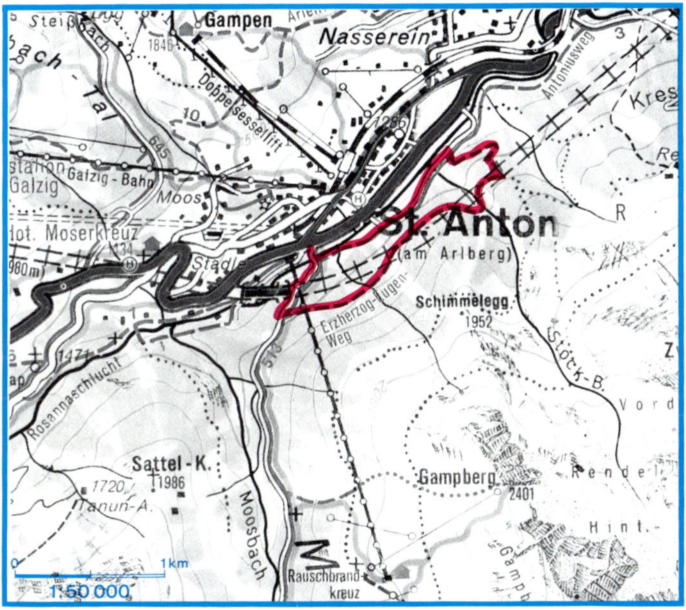

Tourenverlauf: Vom Parkplatz der Rendlbahn spazieren wir nach Nordosten zur Brücke und überqueren dort die Rosanna. Auf dem Fahrweg gehen wir zwei Kehren aufwärts, unter der Seilbahn hindurch und zweigen bei dem Wegweiser nach links ab. Dort wandern wir nun mehr oder weniger eben durch Wald und Buschwerk. Von einigen Stellen haben wir einen schönen Blick auf St. Anton. Zu empfehlen ist dieser Spaziergang vor allem deswegen, weil man gerade in unmittelbarer Nähe eines weltbekannten Fremdenverkehrsortes selten so ruhige Plätzchen findet. Nach dem Überqueren einiger kleiner Rinnsale und nach Überschreiten des Stockbaches steigen wir in einigen Serpentinen wieder talwärts. Allerdings gehen wir nicht ganz hinab, sondern queren nochmals den Stockbach und bleiben, taleinwärts gehend ungefähr auf gleicher Höhe über dem Tal. Etwas oberhalb der zu Anfang erwähnten Brücke treffen wir wieder auf den Fahrweg. So erreicht man leicht den Ausgangspunkt.

❷ **Höhenwanderung:** St. Anton – Kapallhaus – Ulmer Hütte, 2.279 m – Galzig Bergstation, 2.082 m

Ausgangspunkt: St. Anton
Parken: Talstation Gampenlift
Höhenunterschied: ca. 360 m
Wanderzeit: 4 Std.
Schwierigkeitsgrad: mittel (Trittsicherheit notwendig)!
Einkehr: Kapallhaus, Ulmer Hütte, Bergstation Galzig

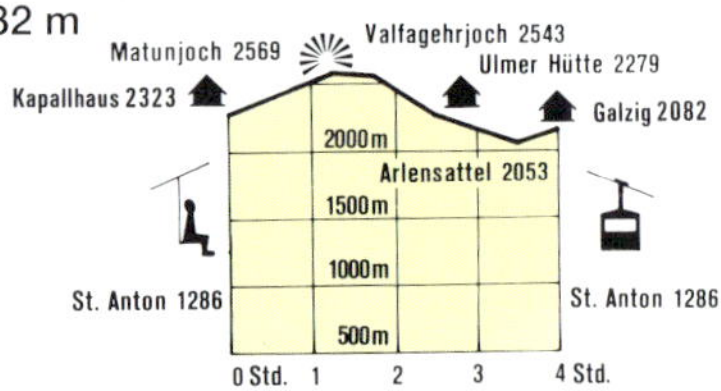

Tourenverlauf: Um diese wunderschöne Wanderung auch zeitmäßig an einem Tag durchführen zu können, bedienen wir uns der hier vorhandenen Lifte und Bahnen. So ist es möglich, bis zum Kapallhaus, 2.323 m, mit dem Lift zu fahren. Im steilen Anstieg auf den Südgrat der Weißschrofenspitze erreichen wir den Höhenweg zwischen der Ulmer und Leutkircher Hütte (Europ. Fernwanderweg E4). Auf diesem gelan-

St. Anton

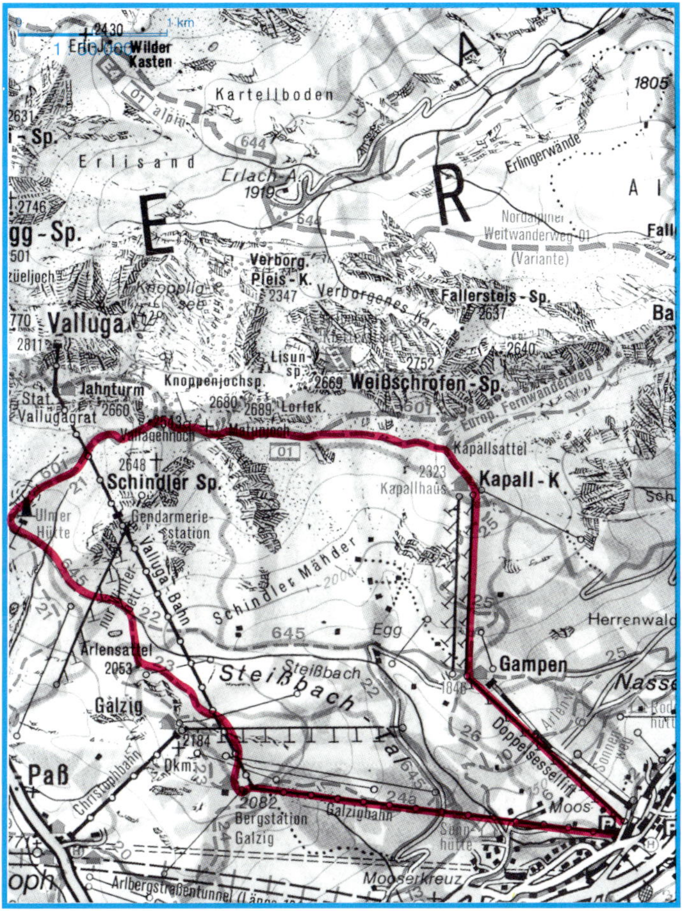

gen wir westwärts vorbei am Fuße der Südwände von Lisunspitze und Knoppenjochspitze. Durch ein recht steiles Kar gelangen wir auf das Matunjoch, 2.569 m, und gehen weniger anstrengend den Kessel dahinter aus und hinauf zum Valfagehrjoch, 2.543 m. Dahinter steigen wir über ein steiles Kar hinab und erreichen bald unter der Vallugabahn hindurch die Ulmer Hütte, die ab dem Joch sichtbar wird. Auf breitem und gut markiertem Weg gelangen wir recht schnell hinab zum Arlensattel, 2.053 m. Auf weiterem Weg ersparen wir uns den Aufstieg zum Galzig und wandern auf einer guten Weganlage direkt und nahezu flach hinüber zur Bergstation Galzig. Mit dieser Bahn fahren wir hinab nach St. Anton, unserem Ausgangspunkt.

3 **Höhenwanderung:** St. Anton – Kapallhaus – Leutkircher Hütte, 2.252 m – Pettneu

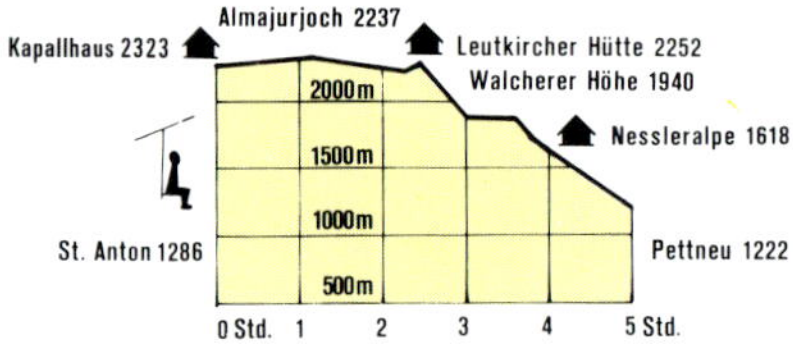

Ausgangspunkt: St. Anton
Parken: Talstation Gampenlift
Höhenunterschied: 1.040 m

Wanderzeit: 5 Std.
Schwierigkeitsgrad: mittel!
Einkehr: Kapallhaus, Leutkircher Hütte

Leutkircher Hütte, 2.252 m, in den Lechtaler Alpen

Tourenverlauf: Den Aufstieg bis zum Kapallhaus, 2.323 m, ersparen wir uns und fahren mit dem Lift bis dorthin. Oben angelangt geht es in nördlicher Richtung weiter über den Grat ein Stück hinauf. Bald erreichen wir (Wegweiser) das Teilstück des Europäischen Fernwanderweges E4. Unterhalb der Weißschrofenspitze geht es ostwärts, teils über Schutt zum Teil aber auch über Grashänge. Kurz vor dem Bacher, 2.391 m, treffen wir auf dem Joch mit dem alten Höhenweg zusammen, der allerdings nur für Geübte geeignet ist. Knapp südlich des Bachers zieht dann der Weg vorbei, über Schrofen, dann wieder über Gras hinüber zum Almajurjoch, 2.237 m. Das letzte Stück ist überhaupt sehr flach und schön zum Gehen. Etwa 30 Höhenmeter sind von dort hinauf zur Leutkircher Hütte zu überwinden. Hat man genügend Zeit, so kann eine Übernachtung auf der Hütte nur empfohlen werden, mit etwas Kondition ist die Tour in einem Tag aber leicht zu schaffen. Die Fortsetzung der Beschreibung finden Sie bei Tour Nr. 9.

❹ **Hochtour (Zweitagestour):** St. Anton – Darmstädter Hütte, 2.384 m – Konstanzer Hütte, 1.700 m – St. Anton

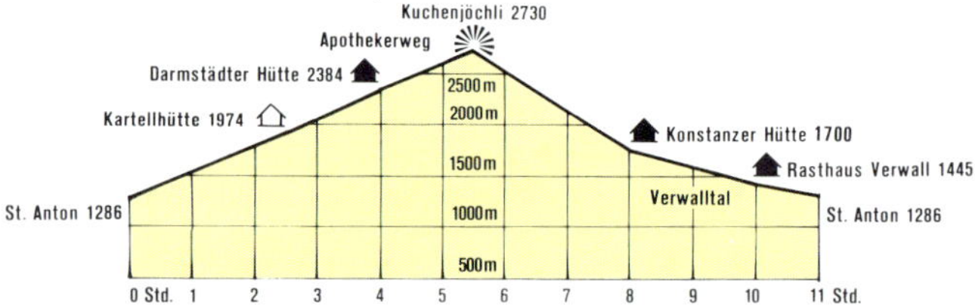

Ausgangspunkt: St. Anton
Parken: Parkplatz Rendlbahn
Höhenunterschied: ca. 1.430 m
Wanderzeit: 11 Std.

Schwierigkeitsgrad: nur für Geübte (Gletscherbegehung)!
Einkehr: Darmstädter Hütte, Konstanzer Hütte

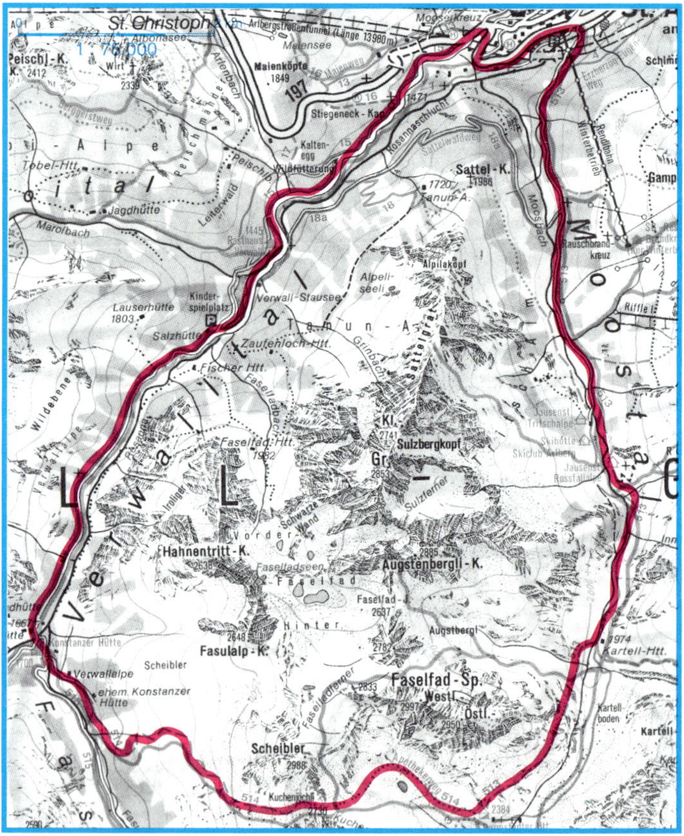

Verwalltal mit Großem Patteriol, 3.056 m

Tourenverlauf: Ein wenig nordöstlich der Rendlbahn überquert man die Trisanna und steigt auf dem ziemlich breiten Fahrweg hinauf in Richtung Moostal an. Bald tritt man in den Wald und geht auf dem breiten Weg weiter – es ist angenehm im Schatten. Etwas weiter oben wird der Fahrweg flach und bringt uns schnell ins Tal hinein. Bei der Jausenstation Rossfallalpe bleiben wir auf derselben Seite des Moosbaches und zweigen nicht auf den schmalen Steig ab. Das tun wir erst bei der Kartellhütte. Der Weg steigt nun an und bis zur Darmstädter Hütte, 2.384 m, ist der Aufstieg etwas anstrengender.
Am nächsten Tag stapfen wir auf dem »Apothekerweg« über ein Kar zum Kuchenferner. Links vor uns ragt die 3.148 m hohe, imposante Kuchenspitze empor. Ein kurzes Stück gehen wir über den Gletscher und erreichen das Kuchenjöchli, 2.730 m. Uns gegenüber steht einer der schönsten und interessantesten Berge der Verwallgruppe, der 3.056 m hohe Patteriol. Vom Jöchli steigen wir zuerst über Schutt, über einen Grasrücken und dann wieder über Schutt ab. Hier ist es recht steil; in zahlreichen Windungen herabgehend erreichen wir die am Talboden liegende Konstanzer Hütte, 1.700 m. Ab der Hütte wandern wir auf dem Fahrweg durch das Verwalltal hinaus nach St. Anton, eine landschaftlich sehr schöne Talwanderung.

5 **Bergtour:** Pettneu – Hoher Riffler, 3.168 m

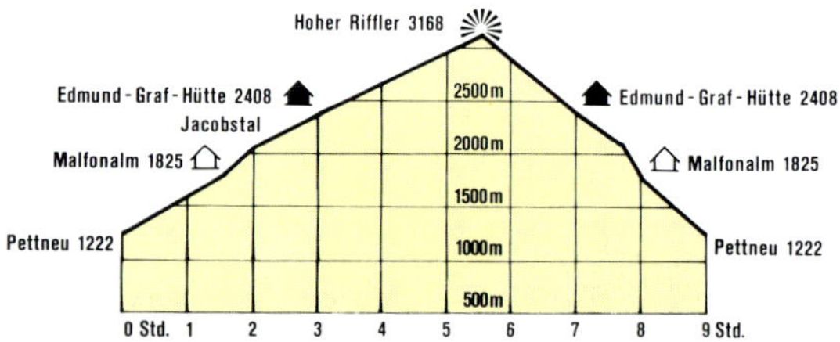

Ausgangspunkt: Pettneu
Parken: Parkplatz (Malfontalmündung)
Höhenunterschied: 1.950 m

Wanderzeit: 9 Std.
Schwierigkeitsgrad: mittel!
Einkehr: Edmund-Graf-Hütte

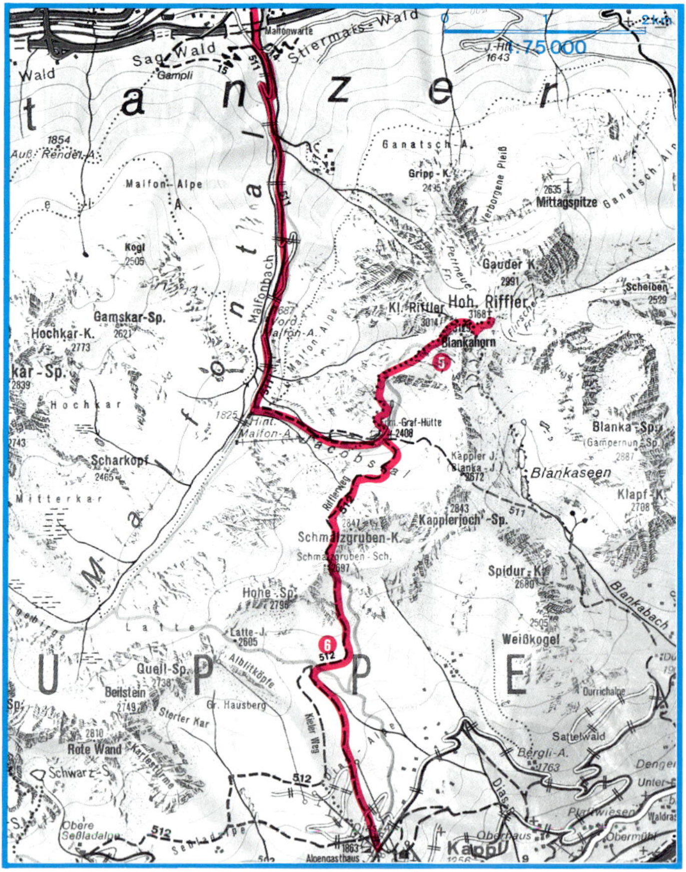

Tourenverlauf: Vom Parkplatz ganz am Anfang des Malfontales gehen wir auf dem Fahrweg mit der Markierungsnummer 511 immer am Talgrund entlang. Dieser Weg ist von mittlerer Steilheit und wird ab der Vorderen Malfonalm flacher. Kurz vor der Hinteren Malfonalm, rechts eines großen Felsens, führt ein steiler Weg in zahlreichen Serpentinen durchs Jacobstal zur Edmund-Graf-Hütte hinauf. Die Edmund-Graf-Hütte liegt auf 2.408 m und bietet sich als Ausgangspunkt für zahlreiche Touren geradezu an. Besonders beliebt ist der Aufstieg zum Hohen Riffler, 3.168 m. Ein gut markierter Weg führt von der Hütte weg mäßig ansteigend hinauf zum sogenannten Schafberg, einem grasbewachsenen Hügel mit prächtigem Blick hinunter ins Malfontal. Auf einem kurzen Stück ist ein Blockfeld zu überwinden, dann steigt man in vielen Serpentinen die sehr steile Schuttrinne hinauf. Nach diesem anstrengenden Wegstück erreicht man eine kleine Sattelhöhe von der es vielleicht 20 Minuten bis zum Gipfel sind. Die Aussicht vom Hohen Riffler – er gehört zu den schönsten Aussichtsbergen der Gegend – belohnt Sie wirklich für all die Strapazen. Abstieg am Anstiegsweg.

6 **Wanderung:** Edmund-Graf-Hütte – Schmalzgrubenscharte, 2.697 m – Diasalpe, 1.863 m – Kappl

Ausgangspunkt: Edmund-Graf-Hütte
Höhenunterschied: 1.550 m
Wanderzeit: 5 1/2 Std.
Schwierigkeitsgrad: mittel!
Einkehr: Edmund-Graf-Hütte, Diasalpe
Karte: siehe Seite 26

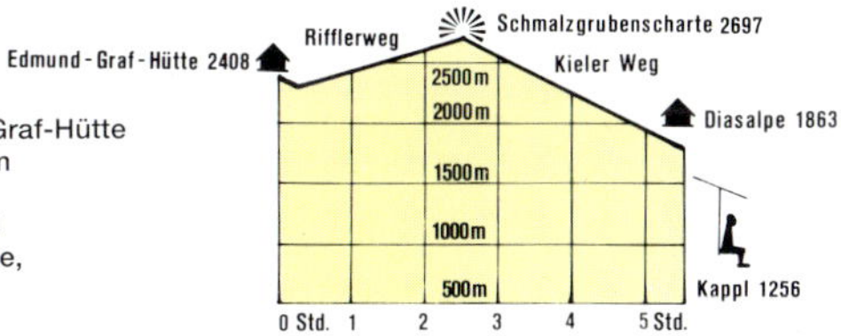

Tourenverlauf: Dieser Vorschlag kann gleichsam als Fortsetzung einer Wanderung zur Edmund-Graf-Hütte und zum Hohen Riffler gesehen werden. Von der Hütte steigen wir in südlicher Richtung ab bis zum Talgrund, von wo in steilen Serpentinen der Rifflerweg zur »Schmalzgrube« hinaufführt. Die »Schmalzgrube« ist ein schöner, fast wiesenartiger Hang mit einem kleinen Bergsee im unteren Boden. Zahlreiche wunderschöne und äußerst seltene Alpenblumen haben hier ein Refugium gefunden – diese stehen unter **Naturschutz!** Über das Kar geht es weiter, hinauf zur Schmalzgrubenscharte, 2.697 m, die eine recht gute Aussicht bietet. Der Weg Nr. 512, »Kieler Weg«, zieht nun in vielen Serpentinen auf der anderen Seite hinab über das Kar zur Gratverlängerung der Hohen Spitze, 2.796 m. Wir gehen in Richtung Talboden den Hang querend hinein und dann parallel zum Rauhen Bach talwärts (jeweils etwa 50 m über dem Bach). Nach etwa 150 Höhenmetern queren wir den Rauhen Bach (Richtung Süd) und gehen über die Almböden der Diasalpe abwärts. Das letzte Stück ins Tal fahren wir mit dem Lift.
TIP: Bitte erkundigen Sie sich schon vor Antritt der Tour wegen Liftzeiten und Autobus nach Pettneu.

7 **Höhenweg (Zweitagestour):** Edmund-Graf-Hütte – Niederelbehütte, 2.310 m – Moostal – St. Anton

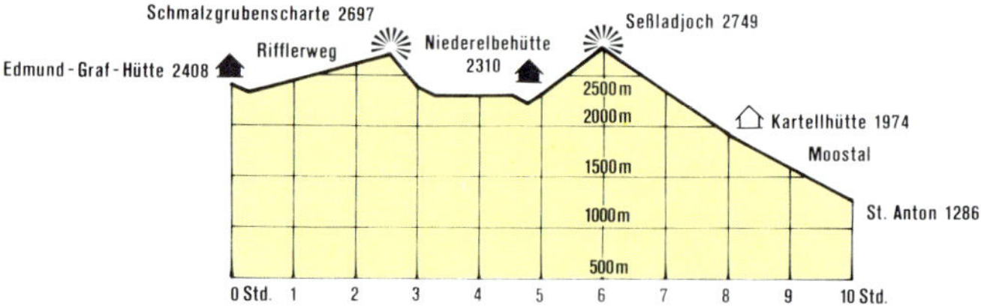

Ausgangspunkt: Edmund-Graf-Hütte
Höhenunterschied: 1.400 m und 430 m
Wanderzeit: 10 Std. (aufgeteilt auf 2 Tage)
Schwierigkeitsgrad: mittel!
Einkehr: Edmund-Graf-Hütte, Niederelbehütte

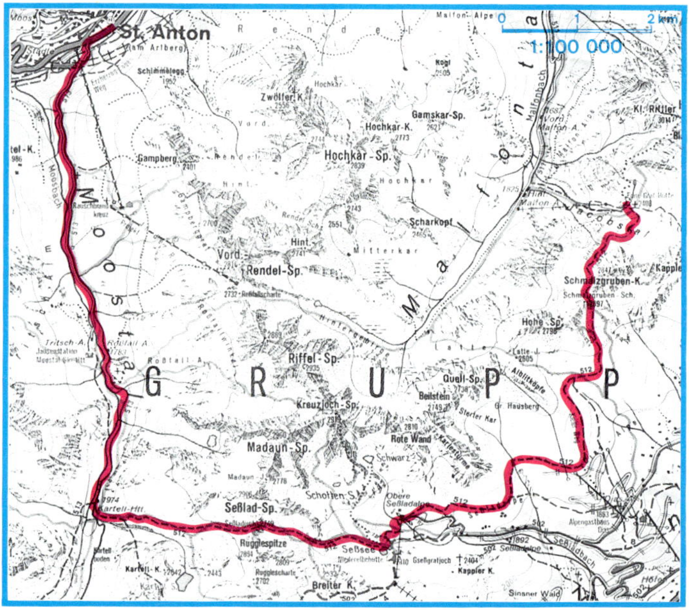

Tourenverlauf: Ein Teil dieses Weges ist bereits beschrieben (vgl. Tour Nr. 5 und 6), deshalb beschränkt sich diese Ausführung auf den Weg nach der Abzweigung zur Diasalpe. Unterhalb der Vorberge der Alblitköpfe geht man auf einen Rücken und von dort auf dem gut bezeichneten Kieler Weg teils über Geröll teils über Rasen (unterhalb der Felsen) hinüber zur Oberen Seßladalpe. Zuerst eher flach und über eine Geländestufe gelangen wir in Serpentinen hinauf zur Niederelbehütte. Von der Hütte gehen wir am nächsten Tag rechts am Seßsee vorbei und über den recht flachen Talgrund dem Seßladjoch zu. Etwa bei 2.500 m gehen wir in Serpentinen zwischen zwei kleinen Felsbändern hinauf. Über das Kar gelangen wir zum Joch, 2.749 m, und weiter abwärts zur Kartellhütte, sie liegt im Talboden des Moostales. Von dort aus erreichen wir in 1 1/2 Stunden St. Anton.

8 **Wanderung:** Pettneu – Nessleralpe, 1.618 m – Gandwiesen – Pettneu

Ausgangspunkt: Pfarrkirche Pettneu
Parken: im Dorf
Höhenunterschied: 450 m
Wanderzeit: 3 1/2 Std.
Schwierigkeitsgrad: leicht!
Einkehr: Berggasthof Nessleralpe

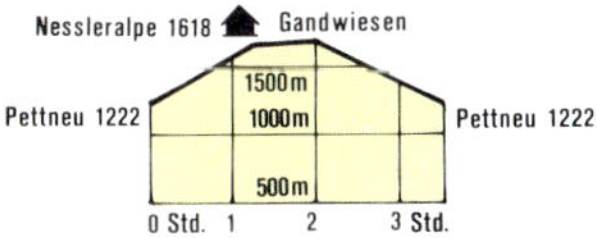

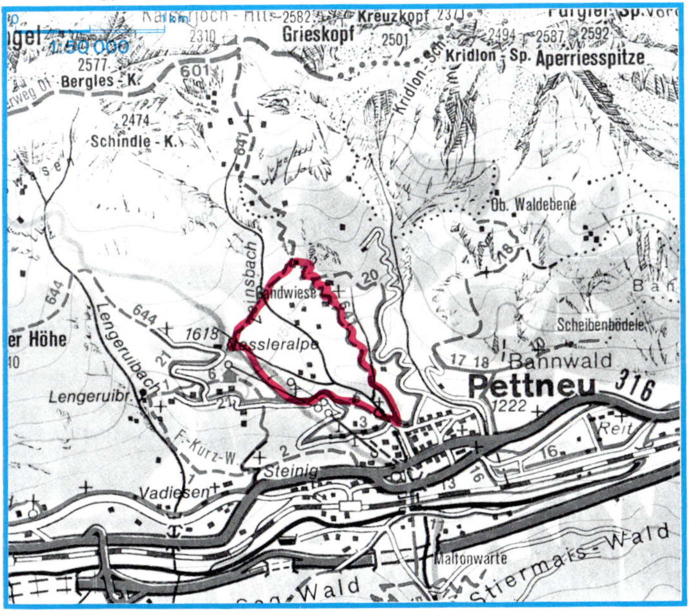

Tourenverlauf: Diese Wanderung nimmt ihren Anfang bei der Pfarrkirche. Von dort spazieren wir etwas weiter in das Dorf hinein und zweigen bald links ab: gleich hinter dem Zeinsbach führt eine schmale Straße hinauf. Jetzt gehen wir an einer Kapelle vorbei und überqueren bald den Zeinsbach (links). Auf dem Fahrweg gehts nun hinauf zur Jausenstation Nessleralpe. Nun führt ein Steig geradewegs weiter. Unterhalb des geschlossenen Waldes betreten wir herrliche Lärchenwiesen (besonders schön im Herbst). Dieser steile aber weitläufige Talbereich wird »Wanne« genannt. Abermals muß der Zeinsbach überquert werden. Bald trifft man auf den AV-Weg zum Kaiserjochhaus (Wegweiser); wir halten uns aber rechts und gehen bei der bald kommenden Weggabelung auf dem oberen (links) Steig weiter. So stoßen wir auf einen Güterweg, auf dem wir zum Ausgangspunkt gelangen.

9 **Höhenwanderung:** Pettneu – Walcherer Höhe, 1.940 m – Leutkircher Hütte, 2.252 m

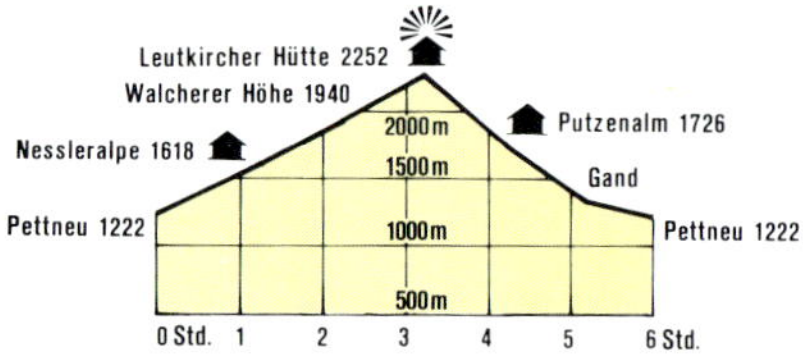

Ausgangspunkt: Pfarrkirche Pettneu
Parken: im Dorf
Höhenunterschied: 1.070 m
Wanderzeit: 6 Std.

Schwierigkeitsgrad: leicht!
Einkehr: Leutkircher Hütte, Berggasthof Nessleralpe

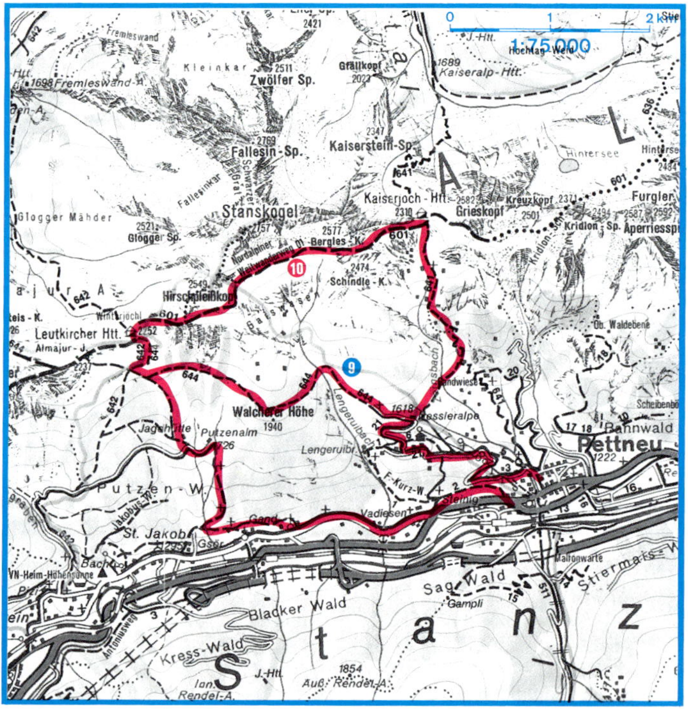

Tourenverlauf: Etwas ostwärts der Pfarrkirche von Pettneu folgen wir dem kleinen Bach (Zeinsbach), der dort herabkommt, hinauf. Es führt eine steile Straße aufwärts, vorbei an einer Kapelle. Wenige Minuten oberhalb des Dorfes kreuzen wir den Bach (links) und gehen auf dem breiten Fahrweg bis zur Jausenstation Nessleralpe. Es ist dies ein Weg, der in mehreren Kehren hauptsächlich über Wiesen hinaufführt und keine großen Anstrengungen erfordert. Dieser Weg geht noch ein Stück weiter, wird aber allmählich schmäler und steiler und endet in einem Steig. Dieser quert den Lengeruibach, führt durch den Wald und erreicht nach einem Steilstück die Walcherer Höhe, 1.940 m, einen wunderschönen Almboden. Teils durch geschlossenen Wald, vielfach aber durch Latschen, quert man den Südhang in Richtung Westen und stößt auf den relativ breiten Weg, der von St. Jakob herauf kommt (Wegweiser). Ab hier ist es recht steil bis zur Leutkircher Hütte. Diese Wanderung ist am schönsten in den frühen Morgenstunden; während des Tages wird es wegen der Südexposition etwas warm. Für den Abstieg nehmen wir denselben Weg oder die nachfolgende Höhenwanderung (Tourenvorschlag Nr. 10) oder den steilen Pfad über die Putzenalm, 1.726 m, nach Gand und entlang der Nebenstraße nach Pettneu.

10 **Höhenwanderung:** Leutkircher Hütte, 2.252 m – Kaiserjochhütte, 2.310 m – Pettneu

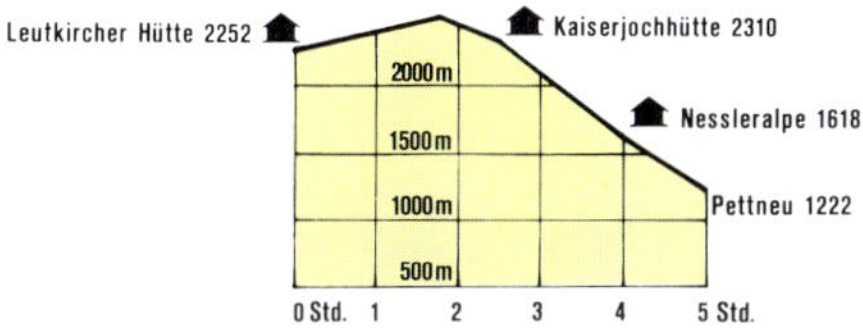

Ausgangspunkt: Leutkircher Hütte
Höhenunterschied: 1.100 m
Wanderzeit: 5 Std.

Schwierigkeitsgrad: mittel!
Einkehr: Kaiserjochhütte
Karte: siehe Seite 30

Tourenverlauf: Dieser Vorschlag wendet sich vor allem an solche, die bereits etwas Bergerfahrung haben und die, einmal zur Leutkircher Hütte aufgestiegen, auch nach einer geeigneten Fortsetzung ihrer Tour suchen (meist nach Übernachtung).
Wie uns die Wegweiser anzeigen, steigen wir von der Hütte halblinks stets auf grasbewachsenen Hügeln empor. Sobald wir die Weggabelung erreichen, halten wir uns nach rechts (links Almajurtal) – der Weg führt etwas innerhalb des Abbruchs entlang. Über den SW-Grat des Hirschpleißkopfes und einer südlich ausgerichteten Wanne unterhalb desselben, weiters über den SO-Grat steigend, stoßen wir auf den Weg, der hinter dem Hirschpleißkopf, 2.549 m, herüberführt. Wir befinden uns auf den Südhängen des Stanskogels, 2.757 m, die weit herauf grasbewachsen sind – von den Felsabbrüchen kommen aber steile Schutthalden herab. Die große Wanne unterhalb des Stanskogels queren wir – sie ist geteilt durch einen Gratansatz genau nach Süden – und erreichen hinter dem Schindlekopf, 2.474 m, wieder einen kleinen Grat. Über eine kleine Rippe erreichen wir den Hauptgrat und bald auch die Kaiserjochhütte, 2.310 m. Von der Hütte führt ein steiler Weg in vielen Serpentinen, den Zeinsbach mehrfach querend, hinab zur Nessleralpe. Von dort gelangen wir im gemächlichen Fußmarsch auf einem Fahrweg ins Tal.

11 **Wanderung:** Schnann – Fritzhütte, 1.727 m – Flirsch

Ausgangspunkt: Schnann
Parken: bei der Kirche
Höhenunterschied: 540 m
Wanderzeit: 3 1/2 Std.
Schwierigkeitsgrad: mittel!
Einkehr: Fritzhütte

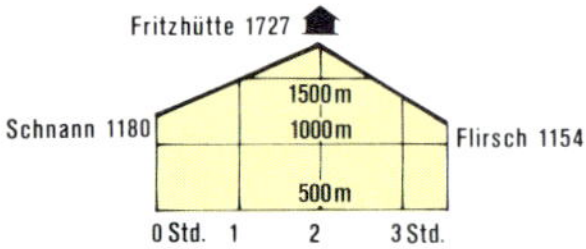

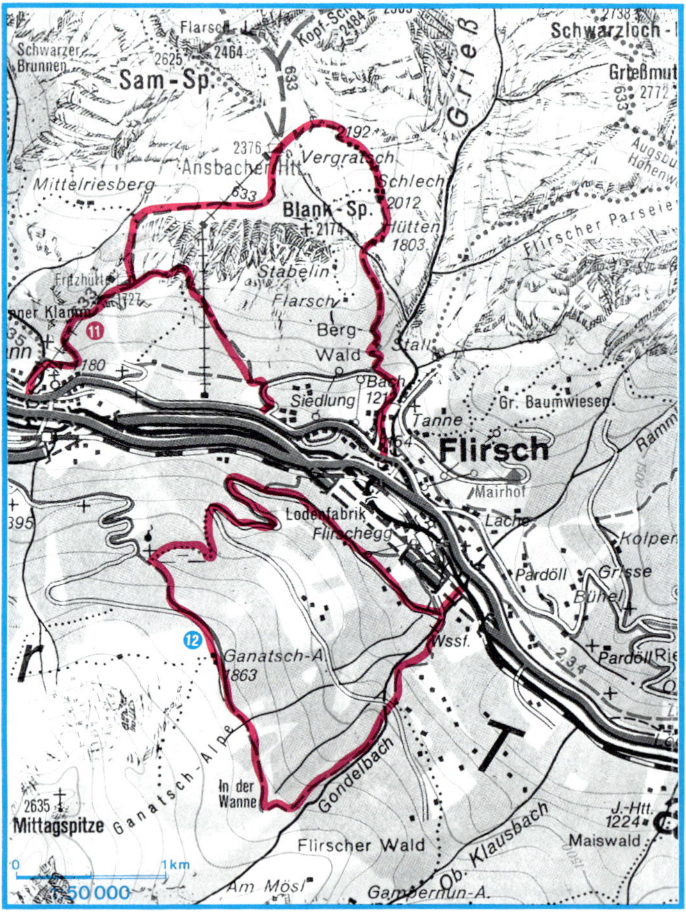

Tourenverlauf: Vom Kirchplatz führt ein Fahrweg, der bald in einen Steig übergeht, hinauf zu der Brücke vor der Schnanner Klamm (bereits von unten sichtbar). Diese sehenswerte Klamm ist mit einem kurzen Abstecher leicht zu besichtigen. Eine große geschnitzte Hinweistafel zeigt uns die Richtung des Aufstiegs an. Die Markierungen sind zwar spärlich, man kann aber den Weg nie verfehlen, denn er ist gut sichtbar. Steil geht es durch den Wald hinauf; von Zeit zu Zeit hat man recht überraschende Talblicke. Ein großer Felsen wird bei Benützung des Steiges, der an den problematischen Stellen mit Stahlseilen und Geländern abgesichert ist, links umgangen. Nach einem sehr steilen Aufstieg über diesen Steig erreicht man den mäßig steilen Teil der Hochfläche, auf der die Fritzhütte, ein schönes Plätzchen, das relativ schnell zu erreichen ist, steht. Der Abstieg beginnt hinter der großen Wiese oberhalb der Hütte, ist stellenweise sehr steil und sollte nur von schwindelfreien Personen mit Trittsicherheit begangen werden, obwohl kritische Stellen wieder gesichert sind. Die Markierung ist hier gut! Nach den steilen Stücken wird es unten flacher und man gelangt nach Flirsch (Ortsteil Siedlung).

Die hoch über der sehenswerten Schnanner Klamm gelegene Fritzhütte liegt auf dem halben Weg zur Ansbacher Hütte, 2.376 m. Setzt man den Anstieg von der Fritzhütte fort, so heißt es einen sehr steilen Anstieg hinter der Hütte in kauf zu nehmen, der einen in die weite Senke am Fuß der Samspitze bringt. Am Fuß des Südostgrats dieses Gipfels liegt die Ansbacher Hütte. Als Abstieg nimmt man den Almsteig über Vergratsch, Schlecht und Hütten nach Flirsch.

12 **Wanderung:** Flirsch – In der Wanne – Ganatschalpe, 1.863 m

Ausgangspunkt: Flirsch
Parken: neben der Bundesstraße
Höhenunterschied: 750 m
Wanderzeit: 4 Std.
Schwierigkeitsgrad: leicht!
Einkehr: Ganatschalpe
Karte: siehe Seite 32

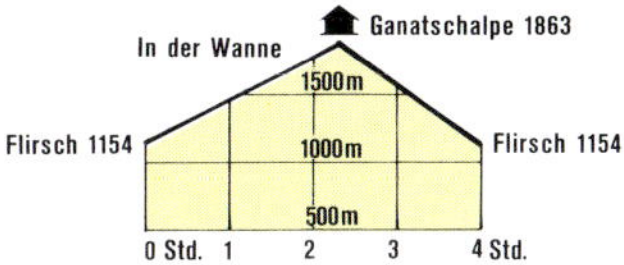

Tourenverlauf: Wir marschieren bei der alten Holzbrücke, etwas außerhalb von Flirsch-Dorf, unter der Eisenbahn hindurch, dann geht es gleich neben dem Gondelbach hinauf. Etwas unterhalb des Wasserfalls steigen wir weiter in den Wald hinein. Wir bleiben immer noch auf derselben Seite des Baches, treffen auf einen Güterweg und wechseln dort auf das rechte Ufer über. Rechts des Gondelbaches geht es nun über einen steilen Rücken aufwärts. Dieser Rücken bildet an seinem obersten Ende gleichzeitig einen Wall, der ein größeres Becken – wahrscheinlich ein verlandeter See – abschließt. Wir gehen in diesem Bereich – genannt »In der Wanne« – noch taleinwärts und dann in nordwestlicher (rechts) Richtung hinüber zur Ganatschalpe, einer bewirtschafteten Alm auf 1.863 m. Etwas unterhalb der Alm macht uns ein Schild auf eine Abkürzung nach Schnann (weiter unten steht ein Wegweiser nach Flirsch) aufmerksam. Über teilweise nassen Boden gelangen wir auf dem markierten Weg auf einen Forstweg, auf dem wir zu unserem Ausgangspunkt zurückgelangen können.

13 **Wanderung:** Flirsch – Große Baumwiesen, 1.600 m

Ausgangspunkt: Flirsch
Parken: im Dorf
Höhenunterschied: 500 m
Wanderzeit: 3 Std.
Schwierigkeitsgrad: leicht!
Einkehr: Mairhof

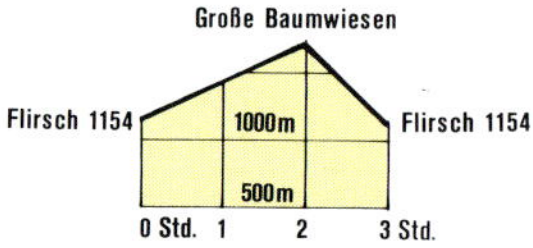

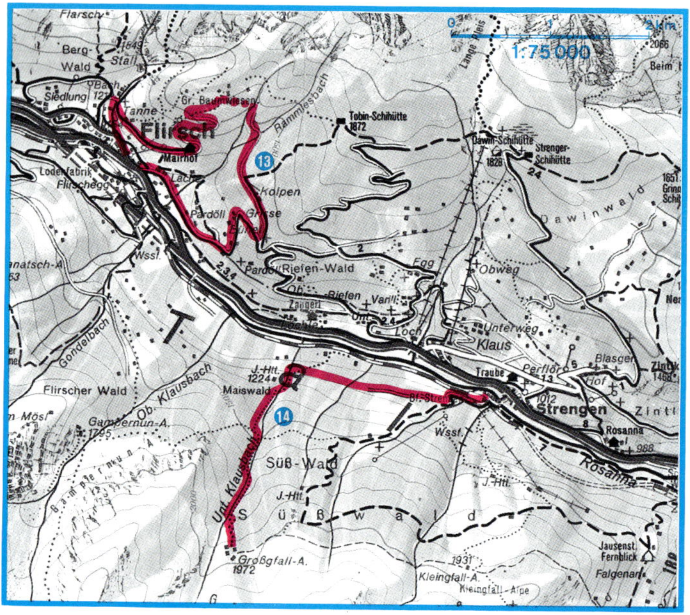

Tourenverlauf: Von der Brücke über den Gaisbach (unten an der Dorfstraße) gehen wir orographisch links hinauf und treffen auf eine asphaltierte Straße. Dieser folgen wir rechts bis zu ihrem Ende beim Mairhof (Bauernhof und Jausenstation). Ein Steig führt dort zwischen der Gastwirtschaft und dem Stadel hinauf zu einem Forstweg. Diesen benützen wir und wandern drei Kehren hinauf. Dort zweigt dann direkt von der Kehre ein steiler, schlecht sichtbarer und mangelhaft markierter Waldweg ab. Diesem folgen wir, stoßen einmal auf eine größere Lichtung, treten aber gleich wieder in geschlossenen Wald. Eine Wegspur bringt uns nun zu den Großen Baumwiesen hinauf. Diese Wiesen, abseits vom Rummel des Tales, sind ein Paradies für alle Ruhesuchenden. Auf schmalem Steig gehen wir über den Rammlesbach und treffen dahinter auf einen Güterweg. Auf diesem geht's talwärts. Bei der Weggabelung weiter unten wenden wir uns wieder taleinwärts. An den besagten Güterweg schließt eine asphaltierte Straße an – auf ihr gelangt man zur Bundesstraße. Hier folgen wir der Bundesstraße, dann der Dorfdurchfahrt von Flirsch und erreichen wieder den Ausgangspunkt.

Flurgehölz bei Flirsch

14 **Bergwanderung:** Strengen – Großgfallalm, 1.972 m

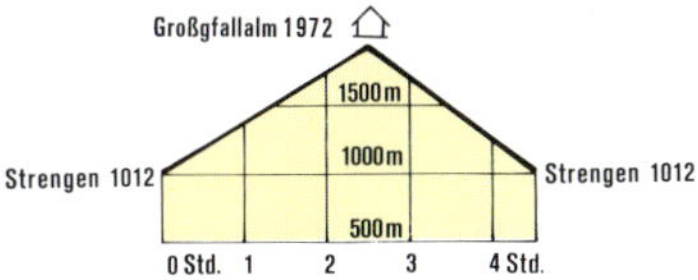

Ausgangspunkt: Strengen
Parken: beim Bahnhof
Höhenunterschied: 760 m

Wanderzeit: 4 1/2 Std.
Schwierigkeitsgrad: leicht!
Karte: siehe Seite 34

Tourenverlauf: Dem Holzbringungsweg (Abzweigung etwas unterhalb des Bahnhofs) folgen wir ein Stück in den Wald hinein. Bei der Kreuzung (Wegweiser) gehen wir geradeaus in Richtung Hirschböden. Auf unmarkiertem Steig wandern wir anschließend durch den Wald (überqueren dabei zwei kleine Bächlein) und treffen auf einen etwas besseren Weg. Dieser überquert den Unteren Klausbach, an dem wir am linken Ufer entlang hinauf gehen. Bald wechseln wir auf das andere Ufer und steigen dort, es ist ein unbewaldeter Talhang, weiter auf. Nach diesem recht mühsamen Aufstieg erreichen wir die Großgfallalm, 1.972 m. Es ist dies von der Anlage und Aussicht her eine sehr schöne Alm, wegen der schlechten Erreichbarkeit ist die Bewirtschaftung aber aufgegeben worden und so macht sie einen verwahrlosten Eindruck. Abstieg am Anstiegsweg.

Kappl im Paznauntal ▸▸

Paznaun

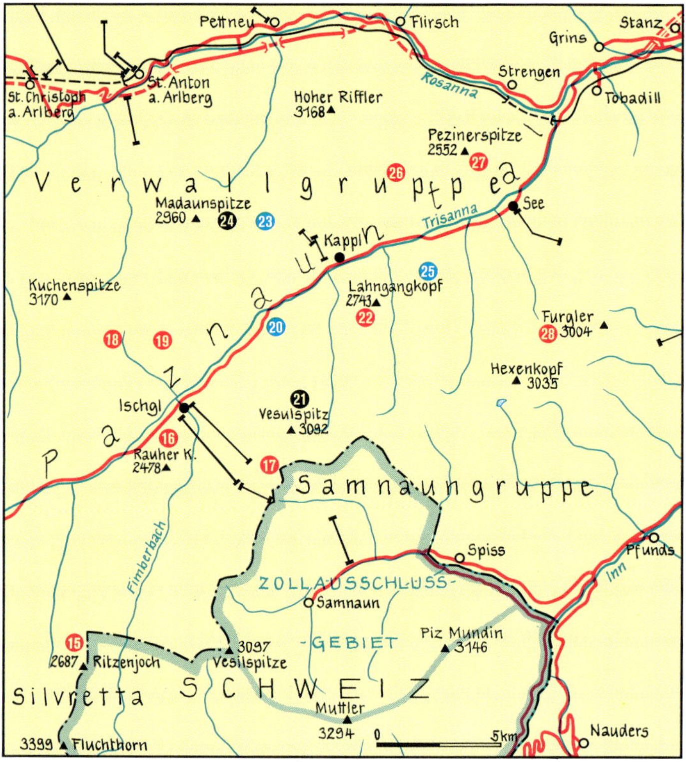

● Fremdenverkehrsverband, Verkehrverein — Straßen — Eisenbahn
Staatsgrenze ⑮ Lage der beschriebenen Wanderwege

Das von der Trisanna durchflossene 29 km lange Tal von Galtür bis zur Trisannabrücke hat ein Gefälle von 700 m. Es bildet die Grenze zwischen der nördlich liegenden Verwallgruppe und den südlich liegenden Gruppen der Silvretta und des Samnauns. Das Tal gliedert sich beim Totenmannbach bei Ebne in das Ober- und Untertal.

Ortsbeschreibungen:

ISCHGL

Gde., Bez. Landeck, Einw.: 1.350, Höhe 1.376 m, Postltz.: A-6561. **Auskunft:** Tourismusverband Ischgl. **Bahnstation:** Landeck (29 km). Busverbindung mit Landeck und Galtür. **Bergbahnen:** Seilbahnen, Sessel- und Schlepplifte.

Unter dem Namen Isola wird Ischgl erstmals im Jahre 1104 urkundlich erwähnt. Im Jahre 1163 schenkten die Herren von Tarasp dem Stift Marienberg die Alpe, die Finna genannt wird. Damit ist das Fimbatal gemeint. Der Name Ischgl kommt von dem romanischen Wort Ischia, das soviel wie Au bedeutet. Der Fimbabachschutt staute den Talbach, so daß Seebildung, Verlandung und Aulandschaft wiederholt aufeinander folgten. Am Beginn des 14. Jh. ließen sich die Walser im Paznauntal nieder. Ein einziges Walserhaus, das sog. »Löbli« hat den großen Brand von 1673 überstanden; das Schindeldach und die Laube vorne sind typisch dafür. Laut einer Ordnung von 1569 bildeten die örtlich selbständigen Siedlungen von Versahl, Ischgl und Mathon schon damals eine einheitliche »Gemein- und Nachbarschaft« hinsichtlich des Weidebesitzes. Ischgl war bis in das 18. Jahrhundert Sitz der Handelsleute, die mit dem Warentransport in die Schweiz betraut waren. Ursprünglich eine Filiale der Pfarre Sins-Sent im Unterengadin, bekam Ischgl 1459 eine eigene Kirche, wurde von der Mutterpfarre getrennt und 1500 zur selbständigen Pfarre erhoben. Seit 1849 gehört die Gemeinde zum Gericht Landeck. Heute ist Ischgl ein bedeutender Wintersportort.

Sehenswert

Pfarrkirche zum hl. Nikolaus. 1471 wurde die erste Kirche erbaut, später wieder vergrößert. Der jetzige Bau stammt aus dem Jahre 1757 mit Deckenbildern von A. Kirchebner aus Götzens und Statuen von J. A. Renn. Einheitliche Rokokoausstattung. Die Kirche besitzt ein Silberreliquiar von 1600, darin eine Speiche des rechten Armes des hl. Stephanus, einst ein besonderes Geschenk von Papst Leo III. für Karl den Großen. – **Kapelle Maria Schnee** in Pasnatsch (10 Min.) – 6 weitere **Kapellen** aus dem 17. und 18. Jahrhundert.

KAPPL

Gde., Bez. Landeck, Einw.: 2.500, Höhe 1.256 m, Postltz.: A-6555. **Auskunft:** Tourismusverband Kappl. **Bahnstation:** Landeck (21 km). Busverbindung mit Landeck und Galtür. **Bergbahnen:** Seilbahn, Sessel- und Schlepplifte.

Sehenswert

Die 1726 neu erbaute **Pfarrkirche zum heiligen Abt Antonius.** Die Deckenbilder im Schiff schuf 1774 Ph. J. Greil und die Bildhauerarbeiten an den Altären und an der Kanzel stammen von A. Kölle aus Fendels, um 1726. Der Turm stammt noch von der gotischen Kirche aus dem Jahr 1482. – **Kerkerkapelle** mit den sogenannten »Kappler Juden« von J. Ladner, 1760. – Schöne alte **Bauernhäuser** in den umliegenden Weilern. – **Martinskapelle,** 1743 mit reicher Barockausstattung in Ulmich. – Die 1698 geweihte **Pfarrkirche zum hl. Hieronymus** in Langesthei mit Fresken von L. Puellacher, 1823.

SEE

Gde., Bez. Landeck, Einw.: 950, Höhe 1.056 m, Postltz.: A-6553. **Auskunft:** Tourismusverband See. **Bahnstation:** Landeck (13 km). Busverbindung mit Galtür und Landeck. **Bergbahnen:** Sessel- und Schlepplifte.

Sehenswert

Kirche zum hl. Sebastian, 1758 vom einfachen Maurerpolier J. Pfeifer aus See geplant und gebaut. 1780 vergrößert und mehrmals bis 1968 renoviert, ist die schönste barocke Kirche des Tales. – **Friedhofkapelle** mit geschnitztem Vesperbild.

Wanderungen und Bergtouren im Paznaun

15 Bergwanderung: Mathon – Laraintal – Ritzenjoch, 2.687 m – Heidelberger Hütte, 2.264 m – Ischgl

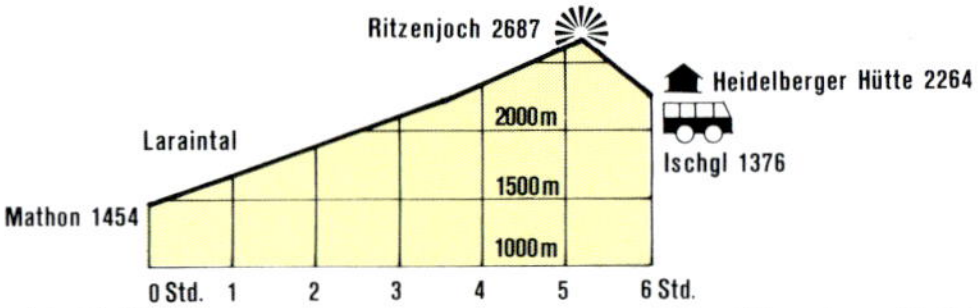

Ausgangspunkt: Mathon
Parken: im Ort
Höhenunterschied: 1.300 m

Wanderzeit: 6 Std.
Schwierigkeitsgrad: mittel!
Einkehr: Heidelberger Hütte

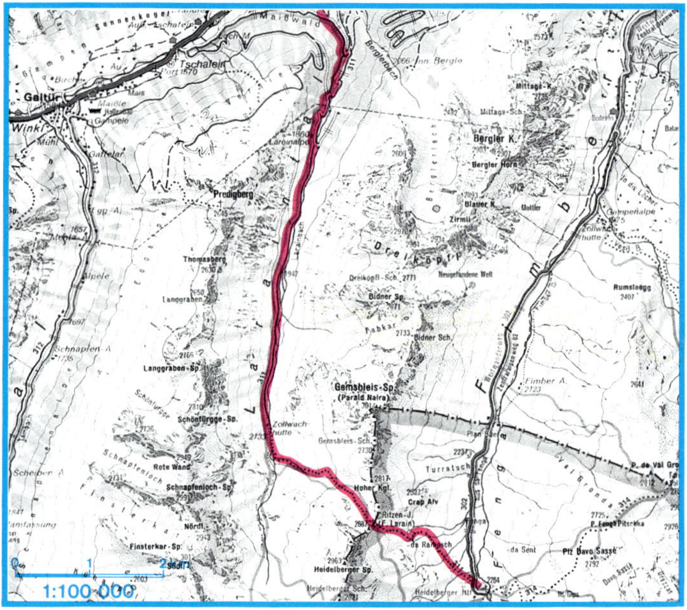

Tourenverlauf: Mathon bildet den Ausgangspunkt des wahrscheinlich schönsten Seitentals des Paznauns. Wenige Gehminuten hinter Mathon (Wegweiser) benützt man die Brücke über die Trisanna. Man gelangt auf einen Fahrweg und geht vorerst Richtung Galtür. Dabei stößt man auf einen Fahrweg, der direkt ins Tal führt. Eine Bachfassung links und die Larainalpe rechts läßt man hinter sich und geht über den flachen Talboden zügig taleinwärts. Der Weg wird schmäler, steigt etwas an und bringt uns zur Zollhütte. Dort überquert man den Larainbach auf einem kleinen Steg und steigt auf einem schmalen Steig die letzten 550 m bis zum Ritzenjoch, 2.687 m, hinauf. Bei diesem Aufstieg haben wir schönen Blick auf den Larainferner und, wenn man oben ist, ins Fimbatal mit der Heidelberger Hütte. In vielen Serpentinen geht es hinab zur Heidelberger Hütte, 2.264 m, einem sehr bekannten Alpinstützpunkt. Wem die Anstrengungen zu viel waren, der kann den Jeep ab der Heidelberger Hütte nach Ischgl benutzen. All den anderen steht ein 2-Stunden-Marsch in einer landschaftlich reizvollen Gegend bevor.

16 **Bergtour:** Ischgl – Tschamatschkopf, 2.145 m – Rauher Kopf, 2.478 m – Mathon

Ausgangspunkt: Ischgl
Parken: Parkgarage Ischgl
Höhenunterschied: 1.100 m
Wanderzeit: 5 Std.
Schwierigkeitsgrad: mittel!

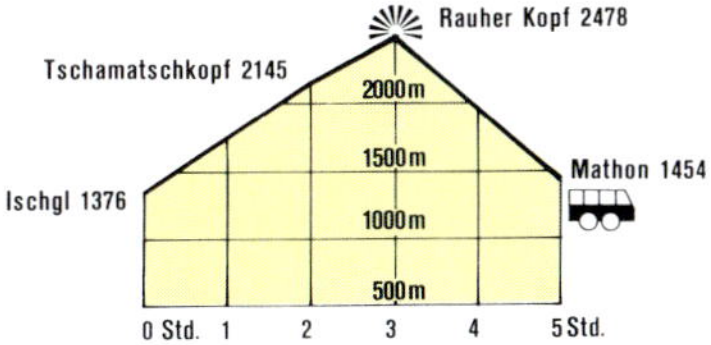

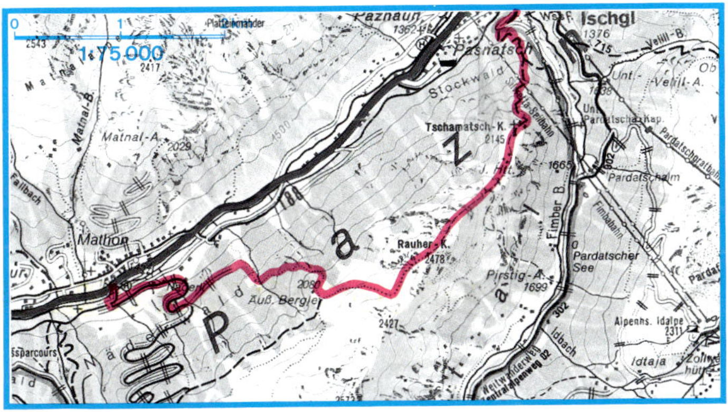

Tourenverlauf: Ausgehend von der Parkgarage nehmen wir zuerst den Weg in Richtung Fimbatal und Heidelberger Hütte (Wegweiser). Am oberen Teil Ischgls gehen wir etwas steil vorbei am Kalvarienberg und treffen dort bald wieder auf den Fahrweg. Bald zweigen wir rechts ab (Wegweiser) und treten in den geschlossenen Wald. In vielen Serpentinen zieht der Weg hinauf; er ist eher anstrengend zu begehen. Wir kreuzen die Trasse der Silvrettabahn bei ca. 1.700 m und tauchen wieder im Wald unter. Steilstufen und Felsen überqueren wir auf kleinen Leitern. Nach etwa 2 Stunden gelangt man auf den Tschamatschkopf, von wo man einen hervorragenden Tiefblick auf Ischgl hat. Den Rauhen Kopf, 2.478 m, erreicht man in unschwieriger Gratwanderung. Beim Abstieg geht man ein Stück südwestwärts (den Grat entlang weiter); bald aber rechts ab, in den grasbewachsenen Abhang (einmal über Geröll). Wir erreichen das Äußerebergle, 2.080 m, und treffen dort wieder auf einen markierten Weg. Auf diesem geht es nun teils durch Wald, teils über Wiesen und Mathon hinab. Von Mathon können Sie Ischgl zu Fuß oder mit dem Bus erreichen.

17 **Almwanderung:** Ischgl – Velilltal – Pardatscher Grat, 2.612 m

Ausgangspunkt: Ischgl
Parken: Parkplatz der Pardatschgratbahn
Höhenunterschied: 1.250 m
Wanderzeit: 3 Std.
Schwierigkeitsgrad: mittel!
Einkehr: Bergrestaurant Idalpe

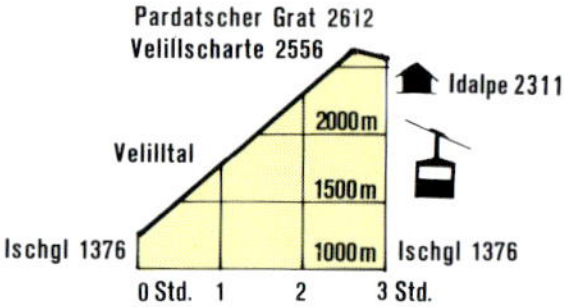

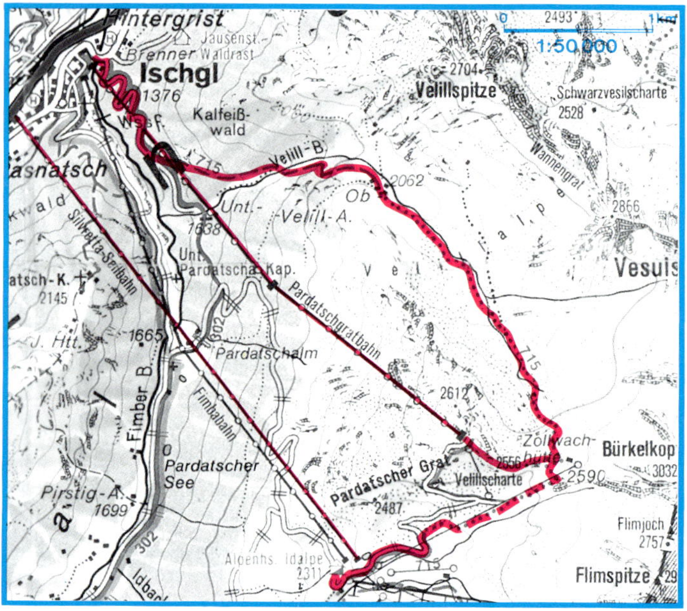

Tourenverlauf: Vom Ortsteil Brenner führt ein Fahrweg über die Skipiste mäßig steil hinauf. Diesen Weg (er ist Teil des Zentralalpenweges 02) benützen wir, bis der markierte Steig (Nr. 715) ins Velilltal abzweigt. Dabei gehen wir oberhalb der Unteren Velillalm sehr steil durch dieses Tal. Nach einem längeren Stück Wald führt der Weg in Serpentinen über die Skipiste und wendet sich nach rechts ins lichte Buschwerk. Nach diesem anstrengenden Anstieg gelangen wir zur Oberen Velillalm, 2.062 m, die im mäßig ansteigenden oberen Talboden liegt. Die Obere Velillalm erreichen wir nach etwa 1½ – 2 Stunden. Der Weg führt nun gut bezeichnet immer am Velillbach entlang, bis zu dessen Ursprung, dann weiter zur Velillscharte, 2.556 m.
Von der Velillscharte haben Sie nun die Möglichkeit, zur 2.612 m hoch gelegenen Bergstation der Pardatschgratbahn aufzusteigen, um mit dieser ins Tal zu fahren; Sie können aber auch auf die Idalpe hinunter gehen und von dort mit der Silvretta-Seilbahn ins Tal fahren.

Küchlspitze, 3.147 m, von der Doppelseescharte

18 **Bergwanderung (Zweitagestour):** Ischgl – Darmstädter Hütte, 2.384 m – St. Anton

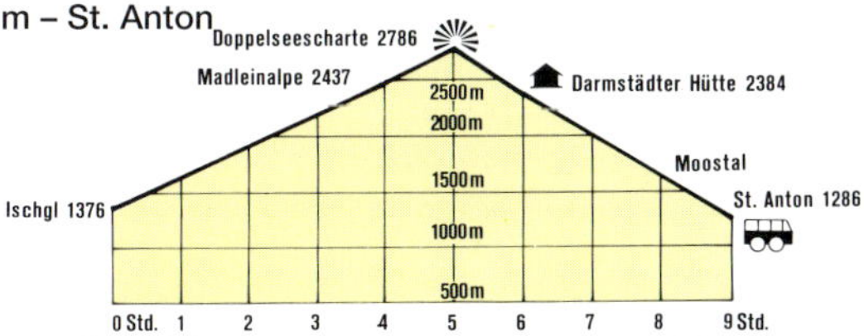

Ausgangspunkt: Ischgl
Parken: Parkgarage Ischgl
Höhenunterschied: 1.400 m

Wanderzeit: 9 Std.
Schwierigkeitsgrad: mittel!
Einkehr: Darmstädter Hütte

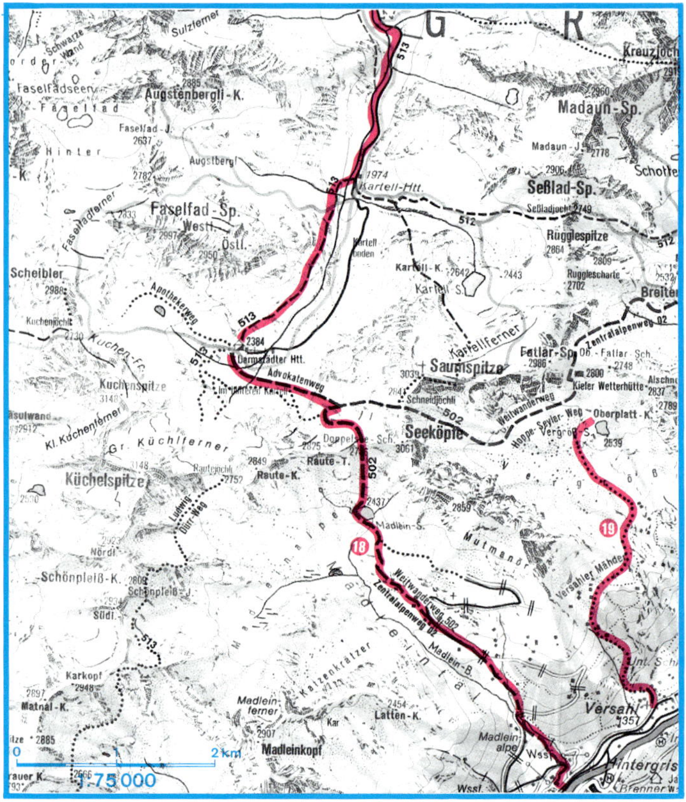

Tourenverlauf: Da es sich um eine zweitägige Wanderung mit Endpunkt in einem anderen Tal handelt, empfiehlt es sich, das Auto in der Parkgarage stehen zu lassen.

Wir gelangen auf einem im unteren Stück asphaltierten Fahrweg zur Madleinalpe und überqueren etwa in dieser Höhe auch den Madleinbach. Von hier führt ein mäßig steiler Weg aufwärts – wir gehen diesen Güterweg entlang, bis uns ein Schild hinauf zum Madleinsee weist. Diesen erreichen wir nach steilem Anstieg. Ein noch steilerer Anstieg erwartet uns hinter dem schönen Madlein-Bergsee, wenn es hinauf zur Doppelseescharte, 2.786 m, geht. Auf der anderen Seite der Scharte gehen wir in großem Bogen einen kleinen Ferner aus, unter uns die Darmstädter Hütte im Blickfeld. Wir queren das hintere Kartell und sind nach wenigen Gehminuten bei der Hütte.

Am nächsten Morgen folgen wir dem schmalen Weg Nr. 513 weiter bis zur Kartellhütte, 1.974 m. Auf einem breiten Fahrweg erreichen wir nach 1 1/2 – 2 Stunden Gehzeit St. Anton.

Madleinsee

19 **Wanderung:** Ischgl – Vergrößsee, 2.539 m

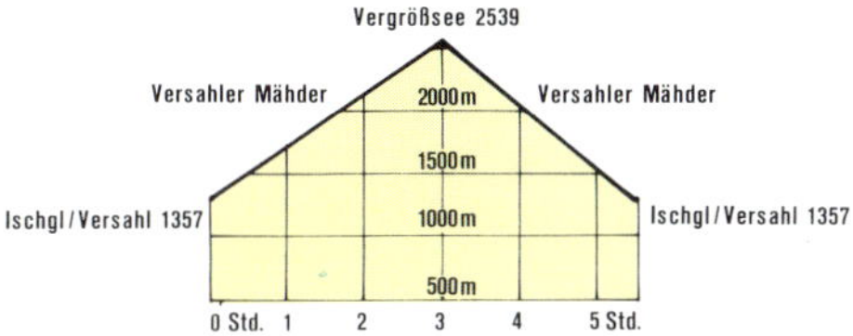

Ausgangspunkt: Ischgl
Parken: an der Straße hinauf nach Versahl
Höhenunterschied: 1.200 m
Wanderzeit: 5 1/2 Std.
Schwierigkeitsgrad: mittel (wegen der Steilheit, erfordert große Anstrengung)!
Karte: siehe Seite 44

Tourenverlauf: Direkt bei der Kapelle in Versahl zeigt uns ein Wegweiser den steilen Weg über einen unbewirtschafteten Streifen hinauf an. Wir folgen den zahlreichen Markierungen und gehen in endlosen, sehr steilen Serpentinen entlang des Inneren Pfannbaches hinauf bis zum Wald. Durch den Wald ist der Weg zwar breiter, aber nicht weniger steil. Bald kommen wir auf eine aufgelassene Wiesenlichtung – weiter geht es aber wieder durch den Wald. Abermals treffen wir auf ehemalige Wiesen, steigen auf den kleinen Rücken und queren ab dort die breite Wanne, durch die der Äußere Pfannbach fließt. Dahinter geht es wieder steil hinauf, teils durch Wald, teils über Lawinenstriche. Schließlich gelangen wir hinauf zu den Versahler Mähdern – ehemals bewirtschaftete Hochwiesen. Leicht aufwärts steigen wir weiter in nordöstlicher Richtung. Dabei weichen wir den großen Geröllfeldern des Vergröß aus und gehen auf einem grasbewachsenen Rücken bis hinauf zum Vergrößsee. Dieser Bergsee stellt ein ruhiges und auf jeden Fall lohnendes Wanderziel etwas unterhalb des Hoppe-Seyler-Weges (Verbindung Darmstädter Hütte – Niederelbehütte) dar. Abstieg gleich wie Aufstieg.

20 **Wanderung:** Kappl – Vesultal

Ausgangspunkt: Kappl
Parken: Abstellplatz bei der Ulmicher Brücke
Höhenunterschied: 730 m
Wanderzeit: 4 1/2 Std.
Schwierigkeitsgrad: leicht!

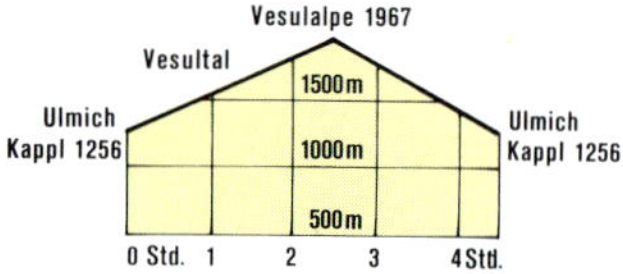

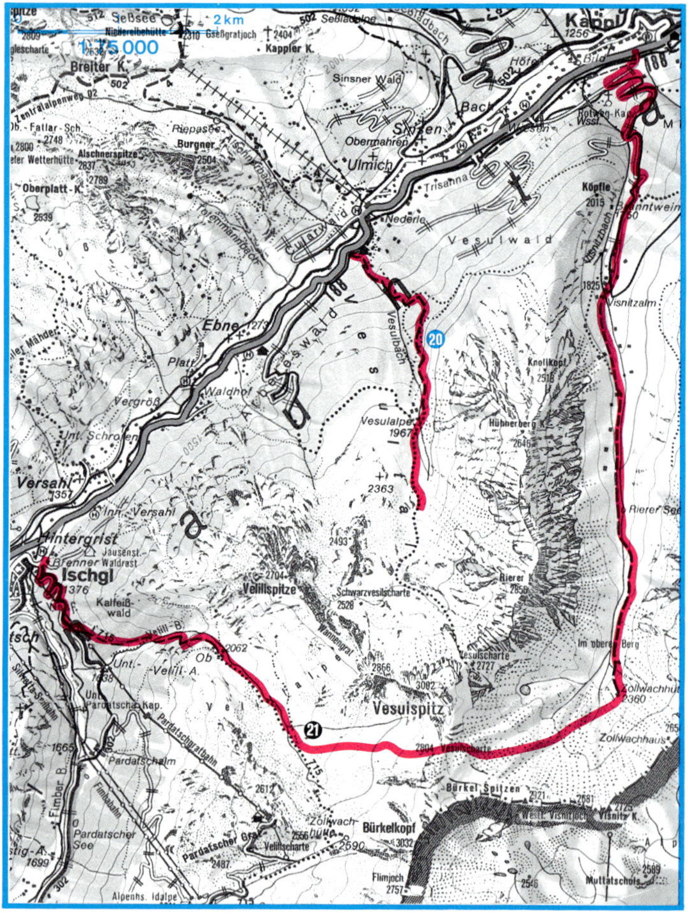

Tourenverlauf: Vom Ausgangspunkt gehen wir zuerst quer aufwärts über Wiesen, treten aber sogleich in den Wald ein. Auf steilem Weg nicht weit vom Waldrand gelangen wir zu einer Gruppe von Heustadeln. Es gehen von dort zwei Wege aus – wir halten uns rechts und

gehen etwas aufwärts zum Vesulbach, den wir auf einem kleinen Steg (ca. 1.360 m) überqueren. Der Weg ist ziemlich anstrengend und der Anstieg durch den Wald verlangt schon einiges ab. Es geht steil über eine Lichtung, wieder in den Wald und entlang einer schmalen Schneise aufwärts. Links hinüber queren wir zwei Quellbäche des Vesulbaches und kommen schließlich zur Vesulalpe, 1.967 m (verfallen).
Von der Vesulalpe gehen wir direkt nach Norden schräg über den Hang abwärts. Nach einer Schneise halten wir uns auf dem linken Weg. Eine Weile führt dieser Weg durch den Wald, quert bei einem freien Stück ein kleines Bächlein und führt wieder in den Wald. In Kehren – vorbei an einer Gruppe von Heustadeln – und später in steilen Serpentinen gelangen wir schließlich wieder zu den Stadeln an denen wir schon beim Aufstieg vorbeigegangen sind. Ab hier folgt man dem Anstiegsweg hinab nach Ulmich.

21 **Bergtour:** Kappl – Visnitztal – Vesulscharte, 2.804 m – Velilltal – Ischgl

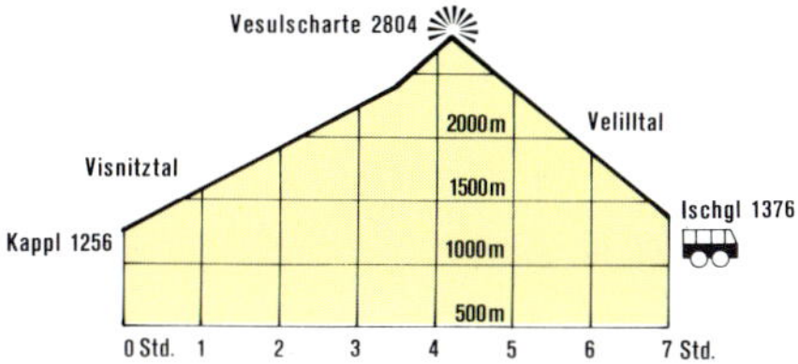

Ausgangspunkt: Kappl
Parken: Parkplatz hinter der Holzbrücke (taleinwärts)
Höhenunterschied: 1.600 m
Wanderzeit: 7 Std.
Schwierigkeitsgrad: leicht bis zu den Zollhütten, ab dort nur für Geübte (Orientierungssinn notwendig)!
Karte: siehe Seite 46

Tourenverlauf: Ausgehend von der Holzbrücke über die Trisanna führt ein Fahrweg aufwärts in den Wald hinein. Diesem Weg folgen wir entlang bis nach zwei Kehren ein Weg rechts – oberhalb der Rotwegkapelle – abzweigt. Auf diesem schmäler werdenden, mäßig steilen Weg gehen wir neben dem Bach hinauf, kreuzen einmal den Fahrweg und gelangen kurz vor dem Talboden wieder auf diesen. Auf ihm gelangen wir recht gemütlich weit taleinwärts etwa kurz vor den Riererseen (großteils verlandet). Knapp hinter dem »See« überqueren wir den Visnitzbach und gehen auf dem weit hinauf sichtbaren Steig in Richtung der Zollhütten. Am rechts vor ihnen sichtbaren Berghang (Schutthalden) führt ein Steig ohne Markierung zur Hinteren Vesulscharte, 2.804 m. Diese kann man nicht verfehlen – sie liegt zur linken der Vesulspitze. Der letzte Anstieg zur Scharte ist etwas steiler, aber bei gutem Wetter unproblematisch.
Der Abstieg ins Velilltal führt zuerst über einen Grashang, dann über eine Schutthalde (oft auch ein Schneefeld). Im unteren Bereich gelangt man wieder auf den markierten Weg, auf dem man recht steil durch das Velilltal bis nach Ischgl hinabsteigt. (Siehe auch Almwanderung Nr. 17).

22 **Bergtour:** Kappl – Mittagspitze, 2.249 m – Lahngangkopf, 2.473 m – Visnitzalm – Kappl

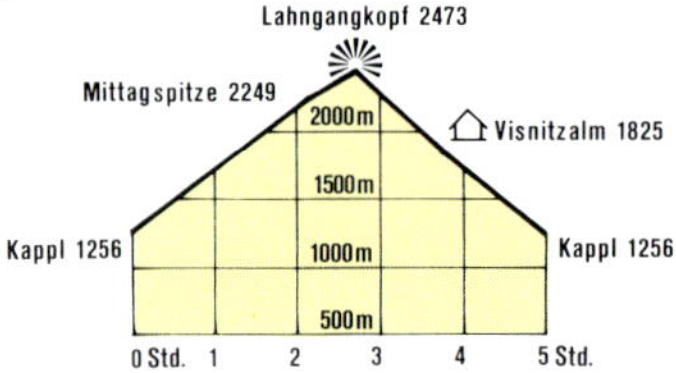

Ausgangspunkt: Kappllift
Parken: Parkplatz hinter der Holzbrücke (taleinwärts)

Höhenunterschied: 1.220 m
Wanderzeit: 5 Std.
Schwierigkeitsgrad: mittel!

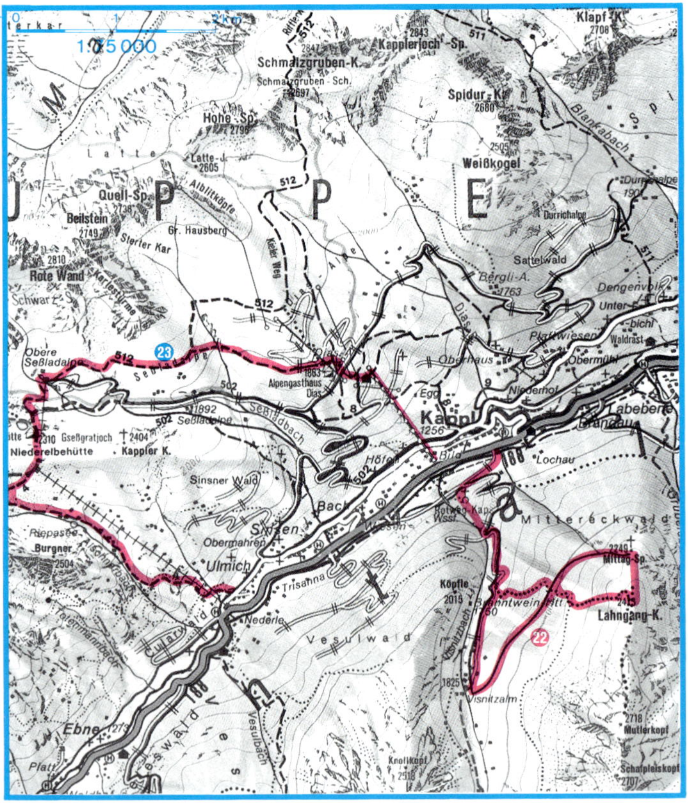

Tourenverlauf: Der erste Teil des Aufstiegs erfolgt auf dem Weg ins Visnitztal (vgl. Tour Nr. 21). Nach Erreichen des Fahrweges beim Visnitzbach wird der Weg nicht gekreuzt, sondern man geht dem Fahrweg

entlang bis zu einer Tafel (in 100 m Abzweigung zur Mittagspitze). Dieser Weg stellt gewissermaßen eine Abkürzung dar, die aber sehr steil zum Normalweg hinaufführt. Dieser Aufstieg ist sicherlich mit großen Mühen verbunden. Nach einiger Zeit erreicht man ein relativ flaches Wegstück das in östlicher Richtung zur Mittagspitze führt. Kurz vor dem Rücken, auf dem das Kreuz steht, geht es noch einmal recht steil hinauf.
Vom Gipfelkreuz geht es nun in südlicher Richtung am Grat entlang weiter. Der Steig ist nicht markiert. An einem alten Vermessungszeichen vorbei erreicht man teils über Grashänge und Felsbänder den 2.473 m hohen Lahngangkopf auf dem ein orange-weiß gestreiftes Vermessungszeichen steht. Der Abstieg erfolgt über einen sehr steilen Steig über Grashänge (teilweise Schutthalde). Etwa bei der Waldgrenze führt dann ein flacher Weg zur Visnitzalm. Das Visnitztal verläßt man am besten auf dem talaus führenden Fahrweg.

23 **Almwanderung:** Kappl – Niederelbehütte, 2.310 m – Seßlad – Diasalpe, 1.863 m

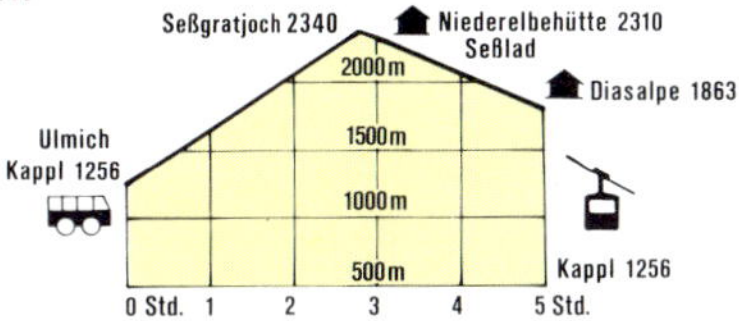

Ausgangspunkt: Kappl
Parken: Dias-Sessellift Talstation
Höhenunterschied: 1.100 m
Wanderzeit: 5 Std.

Schwierigkeitsgrad: leicht!
Einkehr: Niederelbehütte, Berggasthof Dias
Karte: siehe Seite 48

Tourenverlauf: Vom Parkplatz des Dias-Sesselliftes fahren wir mit dem Autobus taleinwärts bis zur Haltestelle Ulmich. Von dort geht es hinter der Säge hinauf zum Ortsteil Ulmich. Knapp hinter den ersten Häusern führt ein recht steiler Weg über Wiesen und am Waldrand entlang bis etwa in eine Höhe von 1.800 m hinauf. Dort wird ein kleinerer Bach überquert und man steigt eine Weile südwestwärts den Hang querend auf. Wir kommen nun in das kleine Tal des Alschner Baches, steigen nun wieder nordwestlich und nähern uns dabei dem Talgrund. Zahlreiche kleine Hütten sind Zeugen einer Kulturlandschaft, die heute leider durch die extreme Lage am verfallen ist. Vorbei am Riepasee, 2.007 m, und den kleinen Stadeln queren wir den Hang, kommen in einen Bereich, in dem sich Gestrüpp und Geröll abwechseln und treffen schließlich auf den gut markierten Hoppe-Seyler-Weg. Auf diesem überqueren wir das Seßgratjoch, 2.340 m, und erreichen bald die Hütte, 2.310 m. Anschließend halten wir uns an den gut markierten Kieler Weg und gehen schräg herab zur Oberen Seßladalpe. Sobald das Gelände über uns felsig wird, verlassen wir diesen Höhenweg, queren den Stertabach und gelangen zur Diasalpe. Mit der Gondelbahn erreichen wir bequem das Tal. **(Tip:** Autobusfahrplan besorgen, Betriebszeit der Liftgesellschaft für die Talfahrt beachten.)

Ausblick von der Kreuzjochspitze

㉔ **Bergtour:** Niederelbehütte – Kreuzjochspitze, 2.919 m

Ausgangspunkt: Niederelbehütte
Höhenunterschied: 600 m
Wanderzeit: 3 1/2 Std.
Schwierigkeitsgrad: nur für Geübte!
Einkehr: Niederelbehütte

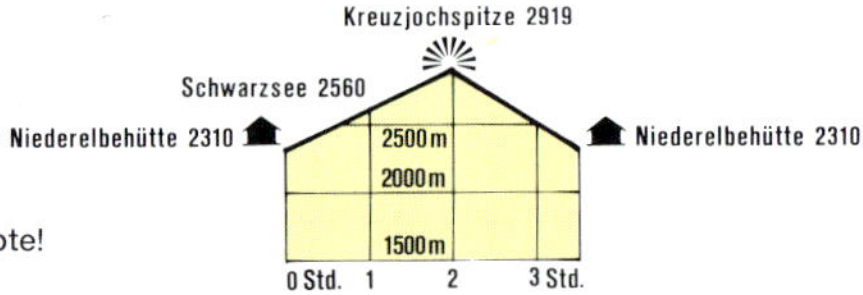

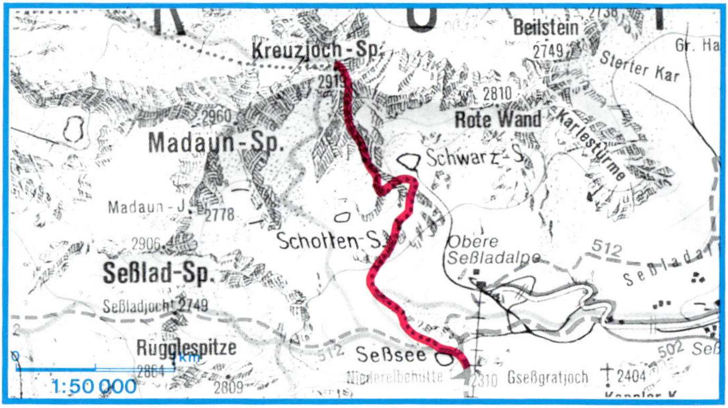

Tourenverlauf: Wir verlassen die Hütte in Richtung Obere Seßladalpe, zweigen aber links ab und gehen östlich des kleinen Sees in Richtung Nordwesten. Gleich oberhalb des Sees nehmen wir den nach rechts abgehenden Pfad. Oberhalb einer Felsstufe marschieren wir dann in ein Kar hinein und mühen uns über den recht steilen Weg hinauf. Einzelne Schotterbänder überquerend wenden wir uns nach Norden, wobei wir den auslaufenden Südgrat der Kreuzjochspitze passieren. Bald erreicht man den Schwarzsee, 2.560 m, dessen Einbettung schon von unten zu erkennen war; bei diesem angelangt, wendet man sich scharf links. Der Weg führt über die unten breite und grasbewachsene Gratverlängerung südlich der Kreuzspitze hinauf. Das letzte Stück ist ziemlich steil, teilweise sogar felsig – diese Passage ist auch nur Geübten vorbehalten. Der Abstieg erfolgt auf demselben Weg.

25 **Wanderung:** Kappl – Grübeletal – Gampertuner Wald

Ausgangspunkt: Kappl
Parken: in Labebne
Höhenunterschied: 900 m
Wanderzeit: 7 Std.
Schwierigkeitsgrad: leicht!

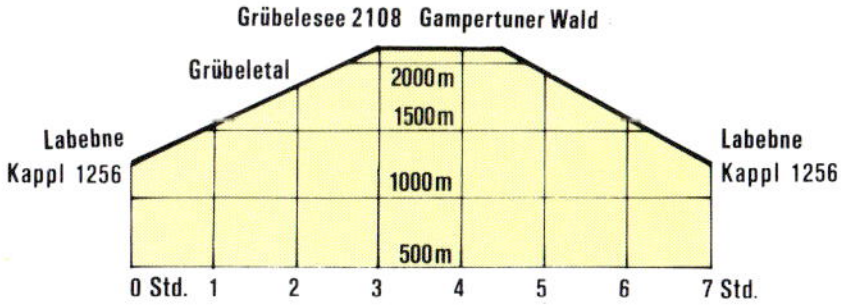

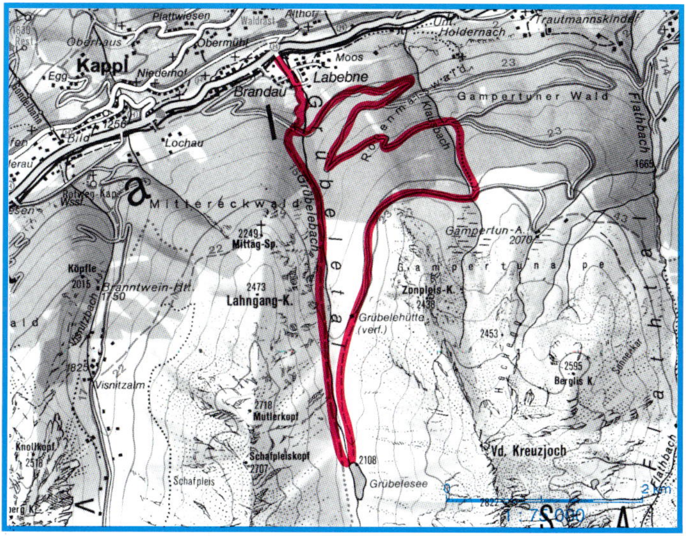

Tourenverlauf: Knapp oberhalb der Häuser verlassen wir den Fahrweg und gehen hinauf zum Bach, wo ein sehr steiler Anstieg ins Grübeletal beginnt. Auf dem gut markierten Weg Nr. 15 steigen wir auf und queren bald einen Fahrweg. Noch etwa 150 Höhenmeter sind zu überwinden bis der Weg vorerst flach in den Talgrund zum Bach führt. Am Grübelebach geht es nun entlang (gut markiert) mäßig ansteigend, oben etwas flacher, hinein bis zum See. Der Grübelesee ist ein stattlicher, wunderschöner Bergsee, der zum Baden leider zu kalt ist.
Wir setzen die Wanderung auf der anderen Bachseite talauswärts fort. Bei der Grübelehütte treffen wir auf einen Fahrweg. Nach Eintreten des Weges in den Wald steigt er etwas an und quert bei ca. 2.000 m den Klausbach. Knapp nach der Abzweigung zur Gampertunalm (wir gehen geradeaus weiter) führt ein Weg abwärts in den Wald, quert den Fahrweg zur Alm und trifft bei etwa 1.600 m wieder auf einen Fahrweg. Auf diesem gelangt man zurück zum Weg Nr. 15, auf dem man steil nach Labebne absteigt.

26 **Bergwanderung:** Kappl – Blankaseen, 2.350 m

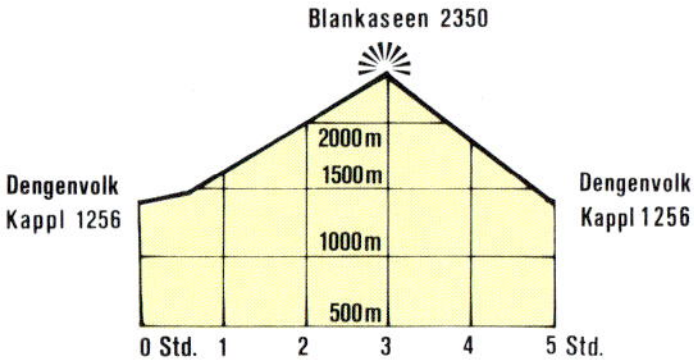

Ausgangspunkt: Kappl
Parken: in Dengenvolk
Höhenunterschied: 1.125 m

Wanderzeit: 5 Std.
Schwierigkeitsgrad: mittel!

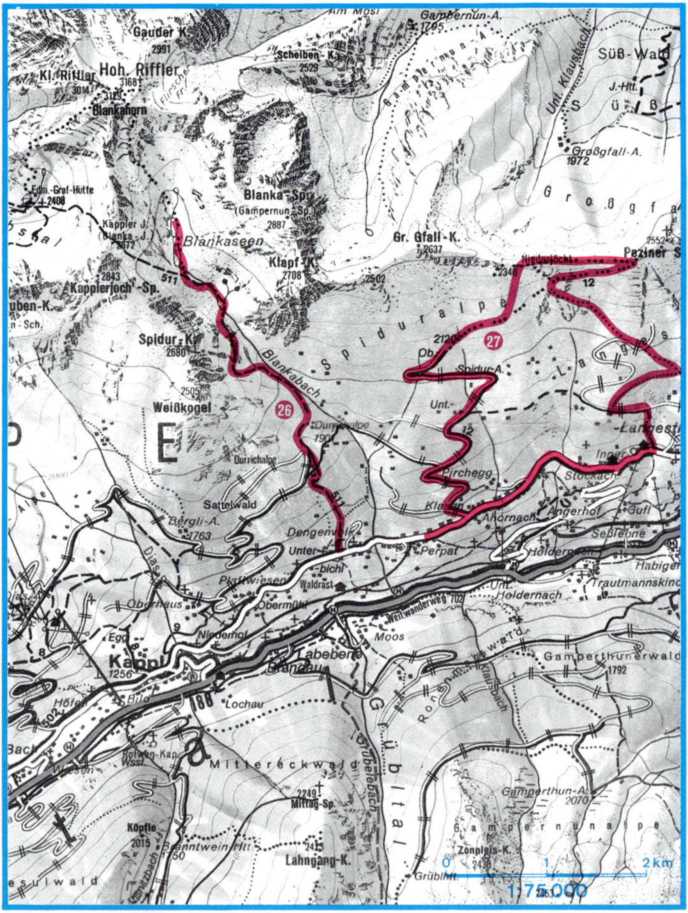

Tourenverlauf: Dengenvolk, eine Häusergruppe zwischen Kappl und Langesthei, ist Ausgangspunkt für die Tour zu den Blankaseen. Der AV-Weg 511 ist gut markiert und nicht schwierig zu begehen. Von der Straße gehen wir (Wegweiser) recht steil hinauf zum Wald. In etwa derselben Steilheit geht es weiter durch den Wald. Auf ca. 1.800 m gelangt man auf eine ehemals bewirtschaftete Hochfläche. An einem kleineren Hochmoor vorbei treffen wir auf einen Fahrweg, verlassen diesen aber bald wieder und gehen in Richtung Durrichalpe, 1.901 m. Die gute Steiganlage bringt uns weiter in das relativ steile Hochtal hinein. Vor uns ragt der Hohe Riffler – einer der schönsten Berge der Umgebung – als imposanter Bergstock auf. Wir gehen zuerst auf der rechten Bachseite (Flußrichtung) queren aber während des Aufstiegs durch das wunderbare schöne Tal zweimal den Blankabach. Knapp unterhalb der Blankaseen gabelt sich der Weg (links: Kappler Joch – Edmund-Graf-Hütte – insgesamt 1¹/₄ Stunden; rechts: Blankascharte – nur für geübte Bergsteiger). Nach wenigen Minuten haben wir unser Ziel erreicht – die in großartiger Bergeinsamkeit ruhenden Blankaseen. Abstieg gleich wie Aufstieg.

27 **Bergtour:** Kappl – Spiduralm – Niederjöchl, 2.346 m – Pezinerspitze, 2.552 m

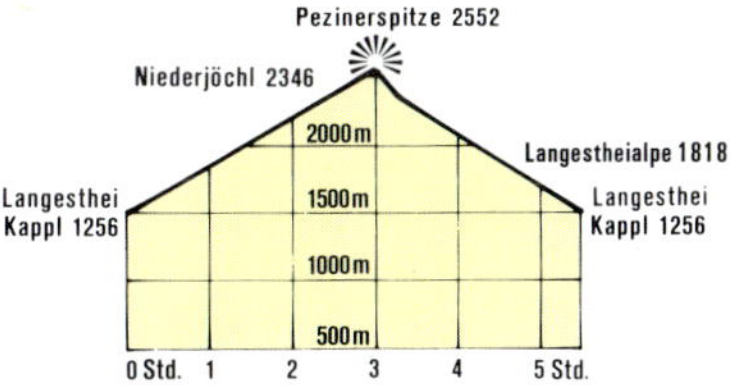

Ausgangspunkt: Kappl
Parken: Perpat/Langesthei
Höhenunterschied: 1.100 m
Wanderzeit: 5¹/₂ Std.
Schwierigkeitsgrad: mittel!
Karte: siehe Seite 52

Tourenverlauf: Die am steilen Hang »klebenden« Berghöfe von Perpat im Bereich Langesthei bilden den Ausgangspunkt für diese Wanderung. Von dort geht links ein breiter Weg ab. Auf diesem, mit guten Markierungen versehenen Pfad, gehen wir durch den Perpater Wald in einigen Kehren hinauf zur Unteren Spiduralm. Die Waldgrenze liegt bereits unter uns und wir befinden uns auf einem schönen weitläufigen Almenhang. Mäßig steil geht es weiter zur Oberen Spiduralm, 2.120 m. Wir weichen nun vom Weg etwas ab und gehen direkt auf die Einsattelung am Grat, das Niederjöchl, 2.346 m, zu. Von dort erreichen wir die Pezinerspitze, 2.552 m, in leichter Gratwanderung. Vom Gipfel (mit Gipfelkreuz) hat man eine besonders schöne Aussicht hinab ins Stanzer Tal, hinab ins Inntal und nach Landeck. Beim Abstieg weichen wir bald vom Grat links in den Hang aus und gehen der Pfadspur entlang bis zu einer Wegkreuzung, wo wir uns nach links wenden. Wir erreichen dann die Langestheialpe. Von dort führt der Weg (wir gehen rechts) hinab auf die Straße, auf der wir nach Langesthei gelangen.

28 **Bergtour:** See – Furgler, 3.004 m

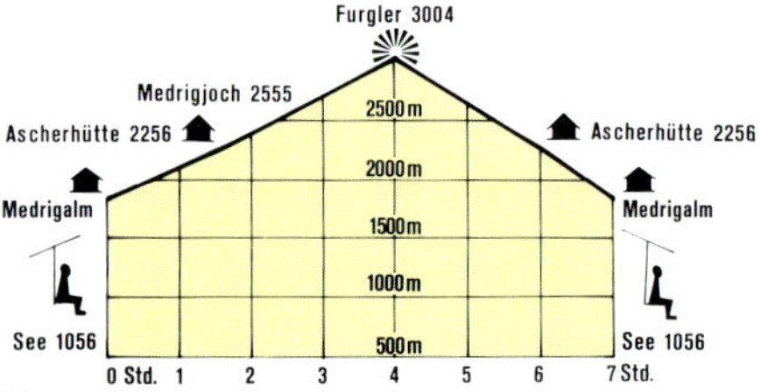

Ausgangspunkt: See
Parken: Parkplatz beim Sessellift
Höhenunterschied: mit Liftbenützung 1.200 m

Wanderzeit: 7 Std.
Schwierigkeitsgrad: mittel!
Einkehr: Ascherhütte, Medrigalm

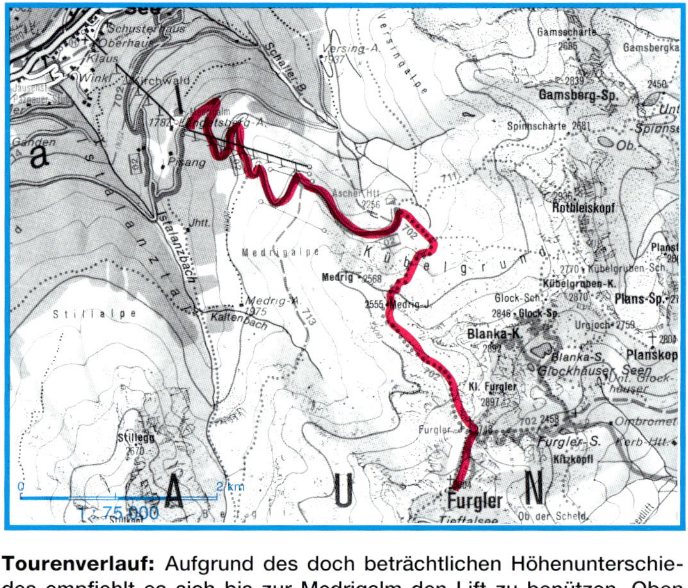

Tourenverlauf: Aufgrund des doch beträchtlichen Höhenunterschiedes empfiehlt es sich bis zur Medrigalm den Lift zu benützen. Oben angelangt geht man links auf dem Fahrweg weiter (beschildert und markiert) in Richtung Ascherhütte. Im oberen Teil der Hochfläche auf der Medrigalpe kommt man an den Schiliften vorbei zu einem kleinen Grat, von dem der Fahrweg weiter zur Ascherhütte, 2.256 m, leitet.
Der Weg zum Furgler ist bei der Hütte genau angeschrieben (2 1/2 Std. Gehzeit) und auch gut markiert. Bei der Weggabelung unweit der Hütte hält man sich rechts und steigt den Hang zum Medrigjoch hinauf. Ab dort führt ein eher flacher Weg bis unterhalb des Furglerjoches. Ab hier ist der Aufstieg gleichmäßig steil bis zum Gipfel, 3.004 m. Der Furgler ist bekannt als gernbesuchter Aussichtsberg, der bei guten Bedingungen relativ leicht zu ersteigen ist. Abstieg gleich wie Aufstieg.

Landeck-Umgebung

Landeck – Umgebung

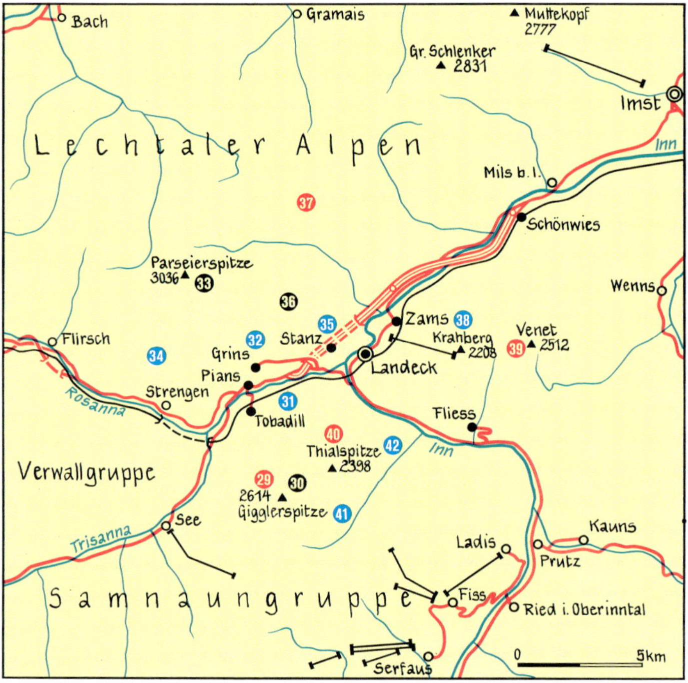

● Fremdenverkehrsverband, Verkehrsverein — Straße — Eisenbahn
Seilbahn, Sessellift — (40) Lage der beschriebenen Wanderwege

Ortsbeschreibungen:

FLIESS

Gde., Bez. Landeck, Einw.: 2.900, Höhe 1.073 m, Postltz.: A-6521. **Auskunft:** Tourismusverband Fließ. **Bahnstation:** Landeck (10 km). Busverbindung mit Landeck und Nauders.

Ein großes und schönes Dorf mit alten Bauernhäusern, die weit verstreut auf dem Südhang des Venetberges liegen. Die Aussicht auf den Kaunergrat, Samnaun- und Parseiergruppe (Lechtaler Alpen) ist großartig. Drei bekannte Persönlichkeiten sind hier geboren: Josef Stapf, 1785, Nikolaus Schuler, 1756, Gründer des Klosters in Zams, Josef Knabl, 1819, Bildhauer.

Sehenswert

Doppeltürmige **St.-Barbara-Kirche,** 18. Jh. Im Turm hängt die »Maasglocke«. Zur Erinnerung an den Ortspfarrer Maas. – **Schloß Bidenegg.** – Die 35 m lange überdeckte **Holzbrücke** über den Inn bei Urgen (1882 erbaut). – **Schalensteine** im Weiler Rethingen und südlich von Schloß Bidenegg.

GRINS

Gde.. Bez. Landeck, Einw.: 1.150, Höhe 1.006 m, Postltz.: A-6591. **Auskunft:** Tourismusververband Grins. **Bahnstation:** Landeck (4 km). Busverbindung mit Landeck.

Grins war schon zu Anfang des 14. Jhs. ein beliebter Ort. Hier wurde der gesamte Verkehr über den Arlberg durchgeführt. Der Tobelbach (Mühlbach) trennt das Dorf in zwei Teile. Im Mittelalter bis in die Neuzeit waren die glaubersalzhaltigen Quellen von Grins berühmt. Die Quellen wurden um 1815 durch einen Bergsturz zugeschüttet.

Sehenswert

Pfarrkirche zum hl. Nikolaus, jetztige Rokokokirche aus dem 18. Jh. – **Friedhof** mit vielen schmiedeeisernen Grabkreuzen. – Die **Römerbrücke** aus dem 16. Jh.

LANDECK

Stadt, Bez. Landeck, Einw.: 7.950, Höhe 807 m, Postltz.: A-6500. **Auskunft:** Tourismusververband Landeck. **Bahnstation:** im Ort. Busverbindung nach allen Richtungen. **Bergbahnen:** Seilbahn, Sessel- und Schlepplifte.

Landeck liegt in einem weiten Talkessel zu beiden Seiten des Inn, der hier in einem scharfen Bogen von Süden nach Osten umschwenkt.

Geschichte

Wie Funde in nächster Umgebung der Stadt beweisen, war die Gegend schon in der Bronzezeit (1800 v. Chr.) besiedelt. Um die Zeit von 1300 bis 400 v. Chr. siedelten sich sodann Illyrer (Breonen) an. Ortsnamen wie Stanz oder Zams weisen darauf hin. Später wanderten Kelten (Worte Angedair, Perjen) durch und flüchtende Etrusker und Veneter folgten.

Die Römerfunde datieren aus der Zeit zwischen 16 v. Chr. bis 60 n. Chr. In der Zeit, da das Gebiet um Landeck zur römischen Provinz Rätien gehörte, verlief der große Verkehrsweg aus dem Römischen Reich über den Reschenpaß zur Fließer Platte, von dort zur Trams oberhalb von Landeck, hinunter nach Zams und über den Fernpaß hinaus nach Kempten und Augsburg. Rätoromanisch wurde in Nauders noch im 17. Jh. gesprochen. – Zwischen dem 6. und 8. Jahrhundert siedelten hier die Bajuwaren. Neben dem Brennerübergang war die Straße über den Reschen die bedeutendste Verbindung nach Italien. Die heutige Straße wurde 1854 erbaut und ständig verbessert. – Aber auch über den Arlberg war der Verkehr lebhaft. 1796 kam der erste Postreiter über den Arlbergpaß. Die Arlbergstraße wurde von 1785 bis 1824 erbaut. Seit 1822 verkehrte regelmäßig die Malle-Post nach Bregenz – Innsbruck – Bozen und ins Engadin. Die jährliche Fracht wird mit über 100.000 Doppelzentner angegeben. – 1884 wurde die Arlbergbahn durch Kaiser Franz Joseph eröffnet. – Landeck erhielt 1904 das Marktrecht, 1923 wurde es zur Stadt erhoben. Durch den Ausbau der Inntalautobahn rückte die Stadt näher an Imst und Innsbruck. Durch den Perjentunnel (1983) wurde die Stadt vom Durchgangsverkehr und den damit verbundenen Belästigungen entlastet.

Sehenswert
Liebfrauenkirche (Pfarrkirche), gotisch, 1460/1493 erbaut. Im Innern Grabstein und Gruftplatte des Stifters, Ritter Oswald von Schrofenstein, gest. 1497; Schrofenstein-Altar (1520).– In der **Maisengasse** das ehemalige Richterhaus mit einer schönen Fassadenbemalung (1569). – **Schloß Landeck,** ehemal. Sitz der landesfürstl. Pfleger, im 13. Jh. erbaut. Burgkapellle zu St. Stephan erhielt spätgotische Wandmalereien. Um 1500 wurde über dem Hof eine Halle mit gotischem Gewölbe errichtet; Tor Renaissance, Turm wahrscheinlich römischen Ursprungs, im 18. Jh. niedergebrannt und neuzeitlich aufgebaut; im Schloß das **Heimatmuseum.** – Die moderne **Pfarrkirche zum hl. Josef** in Bruggen.

PIANS

Gde., Bez. Landeck, Einw.: 800, Höhe 856 m, Postltz.: A-6551. **Auskunft:** Tourismusverband Pians. **Bahnstation:** Landeck. Busverbindung mit Landeck und St. Anton.

Von der Bahnstation (Arlbergbahn) aus liegt der Ort tief unten im Tale, darüber die Ortschaft Grins und westlich davon Quadratsch. Das Dorf selbst breitet sich zu beiden Seiten der Sanna aus. Aus dem Norden tobt der Lattenbach. Pians ist auch Ausgangspunkt ins nahe Paznauntal. – Der Ort ist jüngeren Datums: 1705 wird er unter der Bezeichnung »Pyäns« erwähnt.

Sehenswert
Die **Dreifaltigkeitskirche** (1829–32 erbaut). – **St.-Margarethen-Kirchlein,** 14. Jh.

SCHÖNWIES

Gde., Bez. Landeck, Einw.: 1.600, Höhe 737 m, Postltz.: A-6491. **Auskunft:** Tourismusverband Schönwies. **Bahnstation:** im Ort. Busverbindung mit Imst und Landeck.

Nicht zu unrecht führt dieses kleine Dorf diesen Namen. Denn die besonders hübsche Lage weist geradezu auf einen solchen Namen hin. Durch die beherrschende Pyramide des Tschirgant scheint der Talkessel sich hier zu schließen. – Östlich von Schönwies liegen auf dem Abhang des Venetberges die Weiler Saurs und Obsaurs mit jeweils alten, gegen Ende des 15. Jahrhunderts erbauten Kirchen.

STANZ bei Landeck

Gde., Bez. Landeck, Einw.: 550, Höhe 1.038 m, Postltz.: A-6500. **Auskunft:** Tourismusverband Landeck. **Bahnstation:** Landeck (4 km). Busverbindung mit Landeck.

Stanz zählt zu den ältesten Ansiedlungen des Oberinntales und war lange Sitz der einzigen Pfarre zwischen Imst und Ischgl im Paznauntal. Das Wahrzeichen des hübsch gelegenen Dorfes ist die Burg Schrofenstein. Von diesem Dorf ist auch der Name für das ganze Tal abgeleitet, das von hier aus bis hinauf zum Arlberg führt: das Stanzer Tal. Aus Stanz stammt der berühmte Baumeister Jakob Prandtauer (1660 – 1726).

Sehenswert
Die **Pfarrkirche** wurde im 15. Jh. barockisiert. – **Burg Schrofenstein.** 1196 Erbauer Fridericus von Schrofenstein. Besitzer wahr-

scheinlich das Bistum Chur. Oswald v. Schrofenstein, der größte Wohltäter der Pfarrkirche von Landeck, liegt dort begraben. Ausblick von Schrofenstein auf die Schlösser Wiesberg, Landeck und Kronburg, den Tschirgant, die Mieminger Berge, den Kaunergrat, den Thial und den Hohen Riffler. – **Trisannabrücke** und **Schloß Wiesberg** siehe Tobadill.

TOBADILL

Gde., Bez. Landeck, Einw.: 650, Höhe 1.133 m, Postltz.: A-6551. **Auskunft:** Tourismusverband Landeck. **Bahnstation:** Landeck (7 km). Busverbindung mit Landeck und St. Anton.

Auf einem über 300 m höher gelegenen Plateau bilden die weitverstreuten Häuser die Gemeinde Tobadill. Tief unten im Tal schäumt die Sanna dem Inn entgegen. Der Name Tobadill leitet sich von Dabadyl ab, wie dies Urkunden aus dem 14. Jh. beweisen. – Prachtvoll ist der Einblick von hier in das Paznaun- und Stanzer Tal und die sie umschließende Bergwelt. Im Norden steht die gewaltige Parseierspitze, 3.036 m.

Sehenswert

Pfarrkirche zum hl. Magnus, 1751 geweiht. Plafondgemälde sind Kopien und Bilder aus der Magnuskirche zu Füssen, vom Freskenmaler G. Witwer aus Imst. – **Trisannabrücke,** kühnstes Bau-Werk der Arlbergbahn, 256 m lang, 86 m über dem Talgrund. – **Schloß Wiesberg,** an der Trisannabrücke. Erbaut im 13. Jh. durch die Schweizer Herren von Ramüs, es diente als Sitz zur Verwaltung der Engadiner Güter im Paznauntal; dann landesfürstliches Eigentum; im 19. und 20. Jh. renoviert. Sehenswert ist die spätgotische Kapelle.

ZAMS

Gde., Bez. Landeck, Einw.: 3.350, Höhe 775 m, Postltz.: A-6511. **Auskunft:** Tourismusverband Zams. **Bahnstation:** im Ort, Schnellzugstation in Landeck (1 1/2 km). Busverbindung mit Landeck.
Bergbahnen: Seilbahn, Sessel- und Schlepplifte.

Mit seinen schmucken Häusern und der besonders schönen Kirche macht Zams einen gefälligen Eindruck. Es liegt in unmittelbarer Nähe der Bezirkshauptstadt Landeck und ist durch Omnibus gut mit der Stadt verbunden. In Zams ist das Bezirkskrankenhaus. Im Osten des Ortes liegt das Mutterhaus der Barmherzigen Schwestern, gegründet 1825. Die vorbeiführende Autobahn entlastet nun die Ortsdurchfahrt.

Sehenswert

Die **Pfarrkirche zum hl. Andreas** (1271 urkundlich erwähnt); jetziger Bau aus den Jahren 1911–12. Zams ist seit 1794 **Dekanatssitz.** – Das **Kaiserjäger-Museum** im Gasthof Schwarzer Adler. – Der Weiler **Kronburg** besteht aus der Wallfahrtskirche Mariahilf aus dem 18. Jh., dem Widum, dem Gasthaus und dem Nonnenkloster (Tertiarschwestern). Die ehemalige Burg Kronburg aus dem 14. Jh. verfiel im Laufe der Jahrhunderte.

29 **Almwanderung:** Tobadill – Flathalm, 1.687 m – Giggleralm, 1.845 m

Ausgangspunkt: Tobadill
Parken: bei der Kirche
Höhenunterschied: 700 m
Wanderzeit: 4 Std.
Schwierigkeitsgrad: mittel!
Einkehr: Tobadill

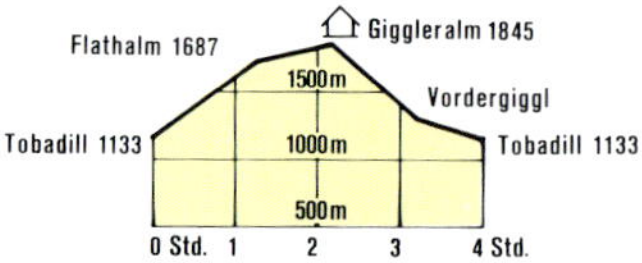

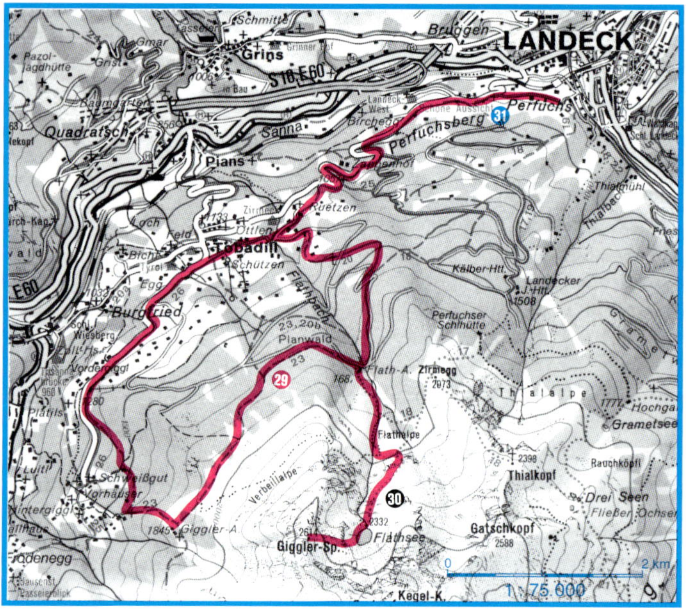

Tourenverlauf: Von der Kirche führt in südöstlicher Richtung eine Fahrstraße zum Ortsteil Öttlen und von dort ein steilerer Fahrweg rechts hinauf. Bald zweigt der markierte Weg (20 b) auf Wiesen und in den Wald hinein ab. Dem sehr gut markierten Weg folgend geht man teils auf Waldpfaden, teils auf Fahrwegen aufwärts. Nach etwa einer Stunde trifft man mit dem Weg Nr. 18 zusammen. Einem alten Waal entlang kommen wir bald zur Flathalm hinauf. Direkt hinter der Alm treten wir wieder in den Wald hinein. Es geht etwas auf und ab, aber im großen und ganzen halten wir die Höhe (ca 1.700 m). Ab einer größeren Lichtung steigt der Weg an und wir nähern uns der Waldgrenze. An der Waldgrenze und ein Stück darüber führt der Weg über latschen- oder gestrüppbewachsene Hänge hinauf zur Giggleralm, 1.845 m. Der Weg ist wieder gut markiert (Nr. 23). Der Abstieg ist relativ steil und geht durch eine Schneise hinab in den Wald. Vom Schweißgut geht es entlang der Straße in 3/4 Std. nach Tobadill.

30 **Bergtour:** Tobadill – Flathsee, 2.332 m – Giggler Spitze, 2.614 m

Ausgangspunkt: Tobadill
Parken: bei der Kirche
Höhenunterschied: 1.500 m
Wanderzeit: 6 Std.
Schwierigkeitsgrad: nur für Geübte!
Karte: siehe Seite 60

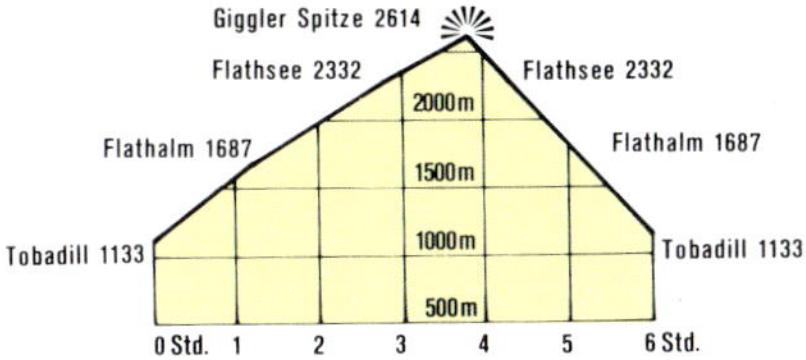

Tourenverlauf: Von Tobadill bis zur Flathalm ist der Aufstieg gleich wie bei Tour 29. Bei der Alm angelangt, geht man knapp rechts vom Flathbach den markierten Weg aufwärts. Zur Orientierung: über Ihnen spannt sich ein Felsband quer über das Tal – dahinter befindet sich der Flathsee. In Serpentinen geht es dem Bach entlang, den wir aber bald überqueren. Unterhalb eines kleinen Köpfchens steigen wir auf und wenden uns dann nach 500 m links und gehen auf diesen Hügel – er ermöglicht uns den Blick hinüber zur Thialspitze. Es geht weiter bis zu den Felsen ober uns; von dort queren wir den Hang auf die Hochfläche, auf der sich der See befindet. Diese Hochfläche hat einen besonderen Reiz und ist deshalb besonders interessant, weil hier selten Besucher anzutreffen sind.
Auf die Gigglerspitze, 2.614 m, führt eigentlich kein markierter Weg. Wegen der guten Aussicht ins vordere Stanzer- und Paznauntal möchten wir diesen Berg für Geübte trotzdem als Wanderziel empfehlen (noch 1 Std. über Blockwerk zum Gipfel). Abstieg gleich wie Aufstieg.

31 **Wanderung:** Landeck – Tobadill

Ausgangspunkt: Landeck
Parken: in Perfuchs
Höhenunterschied: 300 m
Wanderzeit: 3 1/2 Std.
Schwierigkeitsgrad: leicht!
Einkehr: Tobadill
Karte: siehe Seite 60

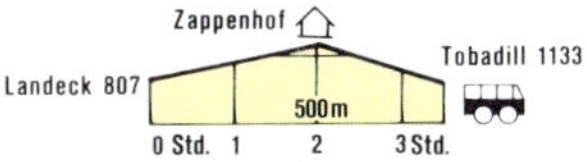

Tourenverlauf: Der folgende Vorschlag ist eher ein längerer Spaziergang als eine Wanderung. Vor allem dem ersten Teil fehlt es etwas an Attraktivität, wobei man aber beim Wandern durch den Wald voll entschädigt wird. Auf der Fahrstraße geht es nach Perfuchsberg und von dort (Abzweigung beim Gasthof Schöne Aussicht) links auf einem Fahrweg aufwärts. Dieser Fahrweg führt bis zum Zappenhof, einem einzelnen Bauernhof in einer Waldlichtung. Rechts der kleinen Kapelle gehen wir am Waldrand entlang. Der Weg führt dann in den Wald hinein – es geht steil hinauf. Abwechselnd folgen steilere und flachere Abschnitte im Wald bis wir an einem steilen Stück auf offene Wiesen treten. Nach wenigen Minuten geht es links weiter und bald wieder rechts (an einem Stadel vorbei). Von dem Ortsteil Ruetzen gelangen wir auf der Fahrstraße ins Ortszentrum. Von Tobadill geht es weiter über Fahrstraßen hinab nach Wiesberg. Von Wiesberg (Gasthaus Trisannabrücke) besteht die Möglichkeit mit dem Bus nach Landeck zu fahren.

Parseierspitze, 3.036 m, die höchste Erhebung in den Lechtaler Alpen

32 **Bergwanderung:** Grins – Ochsenberg, 1.875 m

Ausgangspunkt: Grins
Parken: in Tasseier
Höhenunterschied: 870 m
Wanderzeit: 3 Std.
Schwierigkeitsgrad: leicht!
Einkehr: Grinnerhof
Karte: siehe Seite 63

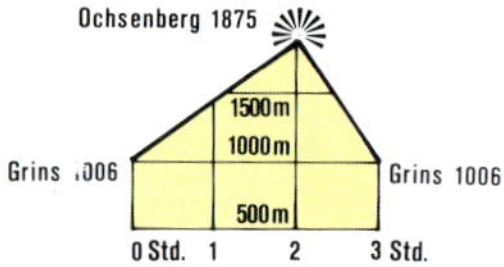

Tourenverlauf: Vom Ortsteil Tasseier geht ein steilerer Weg durch den Wald in Richtung Wildbad. Nach mehreren Minuten schönem Anstieg kommt man auf einen Fahrweg. Man kann diesen entlang hinauf gehen – eher zu empfehlen ist der schnellere aber steilere Weg, der die Kehren abkürzt. Bei einem Abstellplatz (es stehen meist Autos dort) kreuzen wir wieder den Fahrweg. Geradewegs weiter schreiten wir ein kurzes Stück durch Wald und kommen auf eine mit Latschen bewachsene Fläche. Während des Tages bei sonnigem Wetter herrscht hier »mörderische« Hitze – also besser früh aufsteigen. Bald nach einer engeren Stelle (steiler Abfall in ein Tobel) kommen wir in den lichten Wald. Der vom Regen ausgewaschene Steig ist recht steil. Läßt man sich etwas Zeit, so kommt man nach etwa 2 Stunden auf die unbewaldete Hochfläche des Ochsenberges. Dort befindet sich eine private Hütte und eine Jagdhütte. Ein Stück oberhalb der Hütte kann man an einem Brunnen Wasser holen. Der Ochsenberg selbst zieht sich noch ein beträchtliches Stück weiter hinauf – am schönsten ist er aber ganz unten bei der Waldgrenze. Es ist ein Plätzchen zum Ausspannen in vollkommener Ruhe.

(33) **Bergtour:** Grins – Gatschkopf, 2.945 m – Parseierspitze, 3.036 m – Augsburger Hütte, 2.289 m

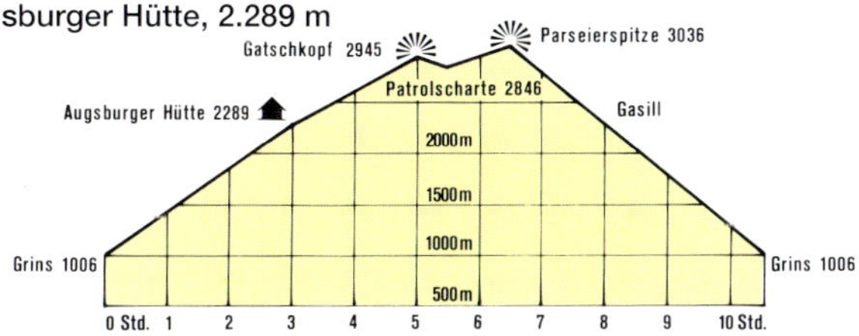

Ausgangspunkt: Grins
Parken: beim Schwimmbad
Höhenunterschied: 1.950 m (1.250 m bis zur Hütte)
Wanderzeit: bis zur Hütte 3 Std., insgesamt 10 1/2 Std.
Schwierigkeitsgrad: bis zur Hütte mittel, danach nur für Geübte!
Einkehr: Augsburger Hütte

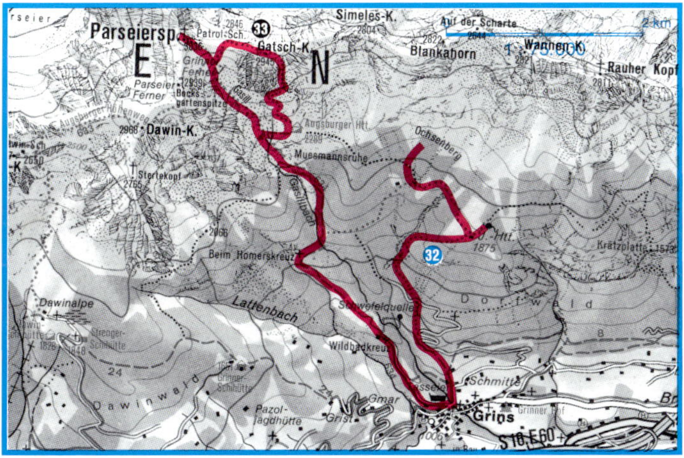

Tourenverlauf: Beim Wildbad in Tasseier beginnt der steile Steig, der hinauf zur Augsburger Hütte ausgeschildert ist. Etwas oberhalb vom Homerskreuz überquert man den Gasillbach. Von der Muesmannsruhe gehen wir vorerst links des Kalkplateaus, auf dem die Hütte steht, vorbei – zweigen aber dann doch vom Weg Nr. 634 (Wegweiser) zur Hütte ab. Voraussetzung für die Besteigung des Gatschkopfes ist Trittsicherheit und Schwindelfreiheit. Dieser Steig ist gut markiert, aber sehr steil. Achtung wegen des brüchigen Gesteins (Manganverbindung). Kurz vor dem Gipfel wird es wieder flacher. Beim Abstieg geht man in westlicher Richtung weiter zur Patrolscharte, 2.846 m. Wenige Minuten unterhalb der Scharte erreicht man die Abzweigung zur Parseierspitze, 3.036 m, die über Kalkgeröll in etwa 1 Std. erstiegen werden kann und, bei Nächtigung auf der Augsburger Hütte, auch empfohlen wird. Der Abstieg vom Gipfel vollzieht sich bis zur besagten Wegspinne und von dort hinab zum gut markierten und gesicherten Steig in der Gasillschlucht. Ab hier beginnt der Abstieg ins Tal (AV-Weg Nr. 634).

34 **Bergwanderung:** Grins – Dawinalm, 1.828 m

Ausgangspunkt: Grins
Parken: Parkplatz Dawin
Höhenunterschied: 650 m
Wanderzeit: 4 Std.
Schwierigkeitsgrad: leicht!
Einkehr: Grinner Schihütte

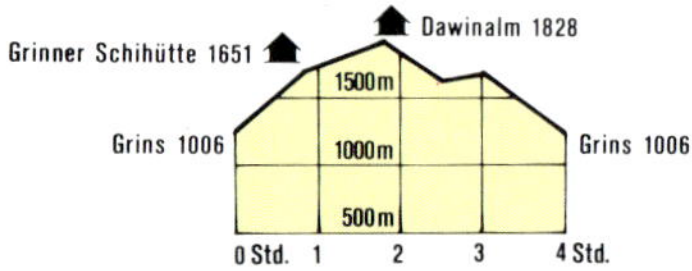

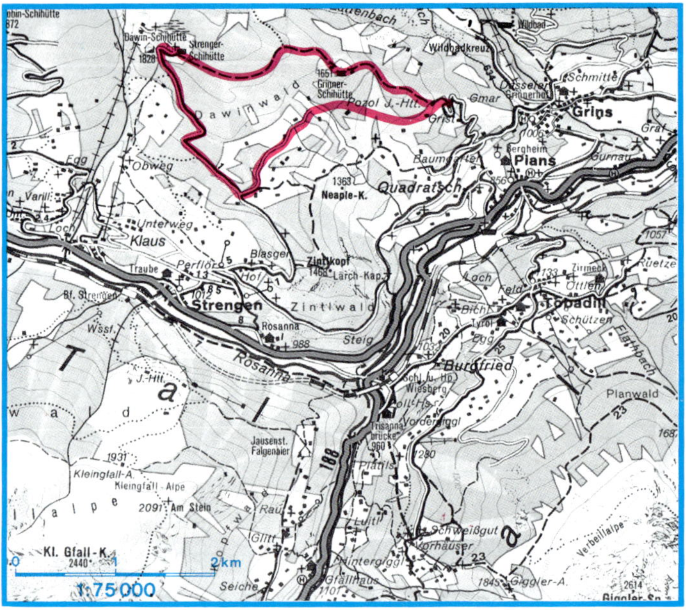

Tourenverlauf: Den Parkplatz Dawin – in der Nähe der Höfe Grist und Gmar – erreicht man auf einer asphaltierten Straße von Grins aus. In nordöstlicher Richtung führt ein Steig über die Wiesen – im Sommer oft schwer zu finden – bis man einen markierten Weg erreicht. Diesem (Nr. 24) folgen wir und gelangen nach etwa 45 Min. zur Grinner Schihütte.

Derselbe Weg geht nun weiter bis zur Strenger Schihütte und zur Dawinalm. Nach der Grinner Schihütte folgt ein steiles Stück über Wiesen, dann zieht der Weg leicht ansteigend durch den Wald. Das letzte Stück bis zur Alm ist eben. Weiter geht es auf dem Fahrweg hinab bis zu einer Kreuzung. Dort nehmen wir den (in Marschrichtung) linken Weg und gehen nach Osten teilweise auch ein Stück aufwärts. Vom Ende dieses Stichweges, der in den Wald führt, geht ein Steig zu den Wiesen hinab. Über diese Wiesen absteigend und weiter auf dem Fahrweg kommen wir zum Parkplatz zurück. Wegen der großen Lärchenwiesen auf dem Dawin ist diese Wanderung besonders im Herbst zu empfehlen.

㉟ **Wanderung:** Stanz – Höhenweg – Grins

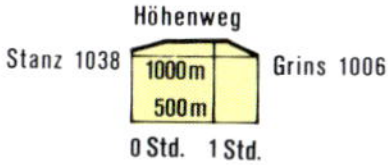

Ausgangspunkt: Stanz
Parken: im Ort
Höhenunterschied: 100 m

Wanderzeit: 2 ½ Std.
Schwierigkeitsgrad: leicht!
Einkehr: in den Orten

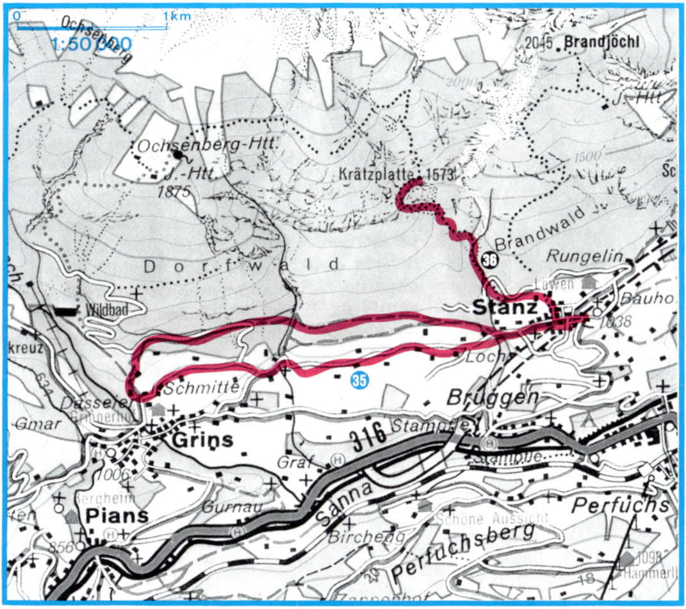

Tourenverlauf: Vom Dorfplatz, wenig rechts von der Auffahrt zum Dorf, gehen wir entlang der Dorfstraße Richtung Westen. Hinter der Brücke über das Stanzer Tobel führt rechts ein Fahrweg, dort gehen wir hinauf und begeben uns auf dem immer schmäler werdenden Weg in den Wald hinein. Über eine Lichtung (mit mehreren Sitzbänken) gehen wir westlich auf ebenem Weg wieder in den Wald. Der Waal, an dem wir entlang gehen, dient zur Bewässerung landwirtschaftlicher Flächen in Stanz. Die dazugehörige Wasserfassung können wir in der nächsten wasserführenden Rinne sehen. Hier ist der Steig recht schmal. Wenige Meter weiter beginnt ein neuer Weg, der von Grins aus vorgeschoben wurde. Dieser mündet in einen anderen Fahrweg, auf dem wir bergab zurückgehen. Vorbei an der weiter unten liegenden Schottergrube geht es auf der Straße bis zu einer Kreuzung. Von dort führt Sie dieser Weg links wieder zurück nach Stanz.

36 **Bergtour:** Stanz – Krätzplatte, 1.573 m

Ausgangspunkt: Stanz
Parken: Brücke über den Tobel
Höhenunterschied: 900 m
Wanderzeit: 3 1/2 Std.
Schwierigkeitsgrad: nur für Geübte!
(Weg nicht markiert!)
Karte: siehe Seite 65

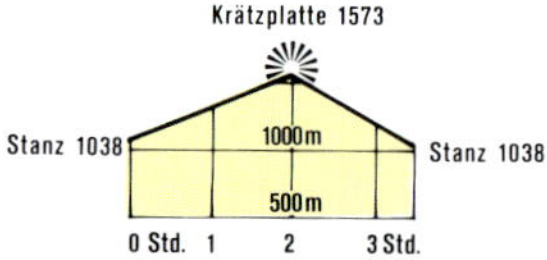

Tourenverlauf: Für diese Bergwanderung ist einiges an Bergerfahrung und Orientierungssinn notwendig, da der Weg nicht markiert ist. Rechts des Hauses neben der Brücke führt eine Wegspur aufwärts, dann treffen wir auf einen Fahrweg und gehen rechts an einem Bauernhäuschen vorbei weiter hinauf. Ein anderer Fahrweg – er kommt von weiter rechts herauf – bringt uns über den Keaterbach. Wir zweigen rechts ab und gehen auf dem ziemlich steilen, schotterigen Weg aufwärts. Die Steiganlage ist gut zu begehen; zuweilen ist der Anstieg nicht möglich, da das Österreichische Bundesheer hier einen Übungsplatz unterhält. Zwischen den Latschen hinauf macht der Anstieg sicherlich auch manchem Geübten zu schaffen. Unterhalb der »Stanzer Wand« halten wir uns links und steigen in Serpentinen über eine Schuttrinne auf. Der Steig ist gut sichtbar. Der Anmarsch zu den schönen und manchmal flacheren Plätzchen im steilen Abhang des Rauhen Kopfes ist zwar anstrengend, der schöne Blick über den gesamten Talkessel Landeck/Zams lohnt allerdings für die Mühen. Abstieg wie Aufstieg.

37 **Hochtour (Zweitagestour):** Zams – Steinseehütte, 2.030 m – Württemberger Haus, 2.220 m

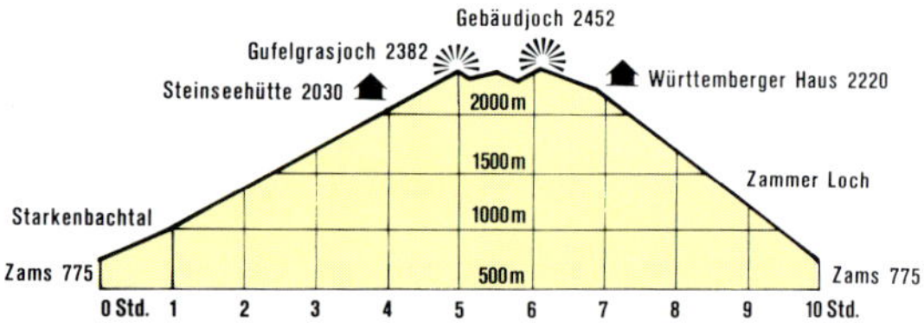

Ausgangspunkt: Zams
Parken: Großmarkthalle Grissemann
Höhenunterschied: 1.610 m
Wanderzeit: 10–11 Std.
(aufgeteilt auf 2 Tage)
Schwierigkeitsgrad: mittel!
Einkehr: Steinseehütte, Württemberger Haus
Karte: siehe Seite 66

Tourenverlauf: Von der Großmarkthalle gehen wir, auf derselben Seite bleibend, den Wiesen entlang der Bundesstraße hinab bis zu einer Straßenunterführung. Dort hindurch und auf dem Schotterfahrweg rechts hinauf gelangen wir bald zu einem kleinen Sattel, wo der Weg von Schönwies herauf einmündet. Diesen Fahrweg benützen wir bis zu dessen Ende bei der Alfutzalpe. Nach Überqueren des Starkenbaches geht es weiter auf der guten Steiganlage bis zu einer Wegkreuzung. Der bis hierher nur mäßig steile Weg steigt empfindlich an und

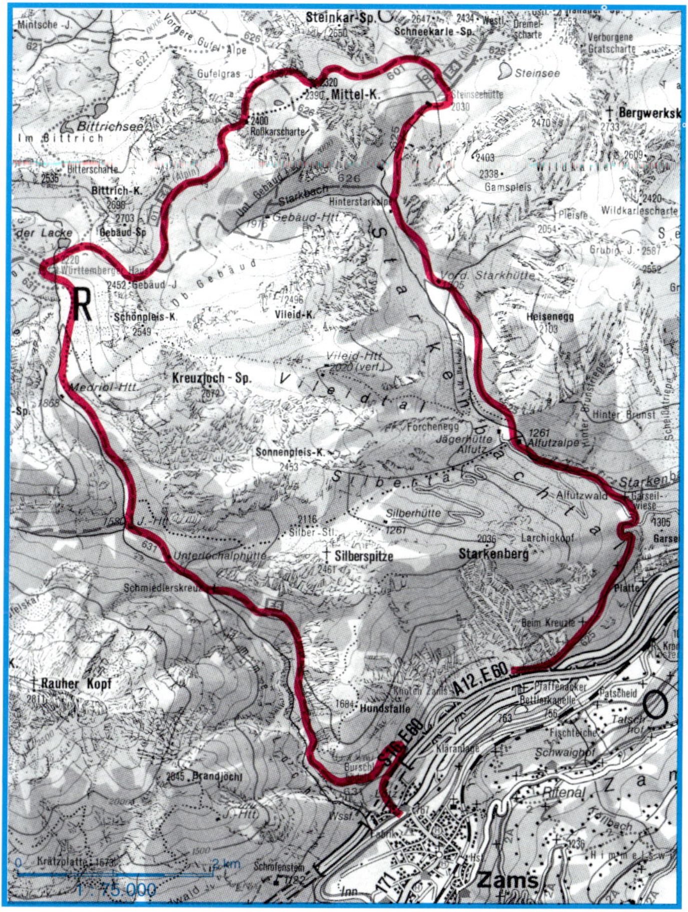

bringt uns direkt zur Steinseehütte, 2.030 m. Auf dem Europäischen Fernwanderweg E4 alpin gehen wir am nächsten Tag auf gutem Steig mit ausgezeichneter Markierung hinauf zum Gufelgrasjoch, 2.382 m. Dieses überqueren wir aber nicht, sondern queren den Hang unterhalb des Joches. Es geht weiter über die Roßkarscharte, 2.400 m (Seilversicherung), wir queren die Wanne unterhalb des Bittrichkopfes und steigen über das Gebäudjoch, 2.452 m, zum Württemberger Haus, 2.220 m, ab. Über eine Steilstufe und dann im Talboden marschieren wir von der Hütte talauswärts. An der Unterlochalphütte vorbei gehen wir oberhalb des Zammer Loches (Schlucht des Lochbaches) zum Hexenbödele – ein Plateau über Zams – und von dort ins Dorf hinunter.

38 **Bergtour:** Zams – Krahberg, 2.208 m – Meranzalpe, 1.750 m – Lahnbach

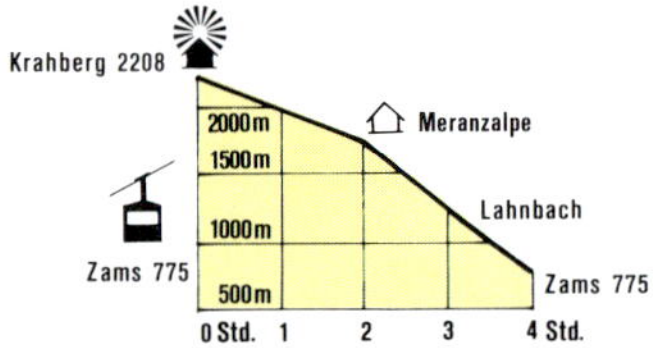

Ausgangspunkt: Zams
Parken: Talstation Venetseilbahn
Höhenunterschied: 1.500 m

Wanderzeit: 4 Std.
Schwierigkeitsgrad: leicht!
Einkehr: Panoramarestaurant am Krahberg

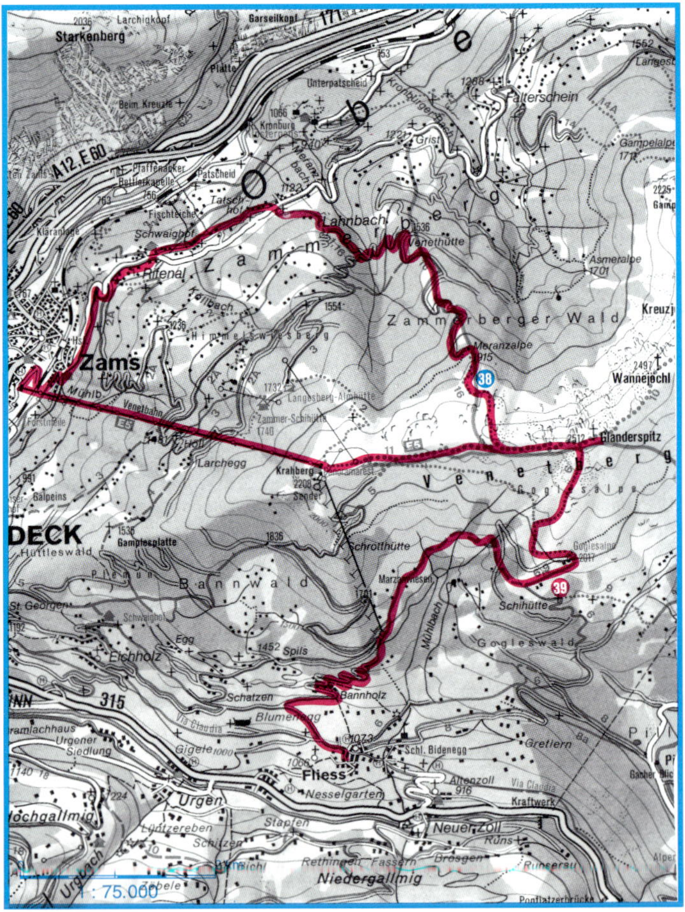

Tourenverlauf: Den Aufstieg auf den Krahberg (Gehzeit ca. 3 Std.) ersparen wir uns und benützen die Venetseilbahn. So erreicht man viel schneller und bequemer den Krahberg, 2.208 m. Ab hier führt der Weg nur mehr abwärts. Über die Skipiste gehen wir gleich links hinunter und kreuzen bald einen Skilift. In derselben Richtung geht es weiter, wobei eine breite Mulde (»Wanne«) gequert wird. Der Waldgrenze entlang, zwischen Latschen und Zirben hindurch, erreichen wir einen Steig, der dann wenig steil, zum Teil auch in dichterem Wald, zur Meranzalpe hinabführt. Es ist dies ein schönes und ruhiges Plätzchen, ein Ort zum »In der Wiese liegen und mit der Seele baumeln«. Besonders lohnend ist diese Wanderung im Herbst, wenn sich die umliegenden Wälder schon wunderbar verfärbt haben. Zurück ins Tal gelangt man auf dem Fahrweg, der von der Alm, ohne einmal abzweigen zu müssen (einmal wird der Meranzbach überquert), direkt ins Tal leitet. Von Lahnbach, der ersten Ansiedlung, gelangen Sie über Rifenal hinab nach Zams.

39 **Bergwanderung:** Zams – Krahberg, 2.208 m – Venet, 2.512 m (Glanderspitz) – Fliess

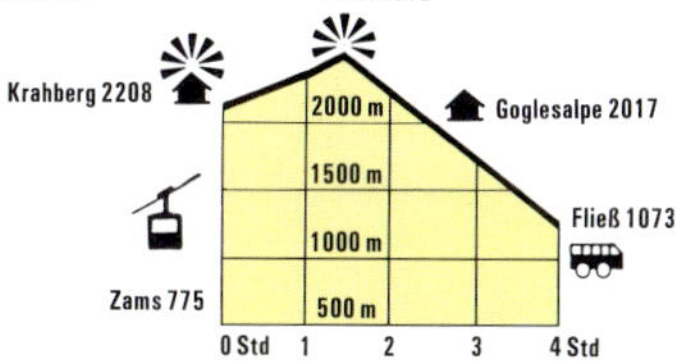

Ausgangspunkt: Zams
Parken: Talstation Venetseilbahn
Höhenunterschied: 1.450 m
Wanderzeit: 4 Std.
Schwierigkeitsgrad: mittel!
Einkehr: Panoramarestaurant am Krahberg, Goglesalpe
Karte: siehe Seite 68

Tourenverlauf: Mit der Venetseilbahn gelangt man rasch auf eine Höhe von 2.208 m. Die herrliche Aussicht vom Krahberg, auf dem die Bergstation steht, in den Talkessel von Landeck und in die umliegenden Täler ist weitum bekannt. Wir gehen zum hinteren Skilift hinüber, von dort ein Stück hinab zum Joch, wo ein gut markierter Steig beginnt. Über diesen Steig gelangen wir in leichter und sehr schöner Gratwanderung hinauf zum Venet. Wegen seiner Lage als Eckberg hat man vom Venet eine wunderbare Aussicht. Vom Gipfelkreuz des Venetberges, 2.512 m, führt ein etwas steilerer Weg (Nr. 6) über Almböden hinab zur Goglesalpe. Von dieser Alm gehen wir links auf dem Karrenweg weiter hinab, bis wir einen Wegweiser sehen. Wir gehen rechts auf einem breiten Fußweg weiter, teils durch Wald, dann wieder über Wiesen und queren den Kessel des Mühlbachtales. Vorbei an einem Wegkreuz geht es später links hinab durch Wald zum Ortsteil Bannholz (zu Fliess gehörend) – wir sind aber bereits eine Weile auf gut ausgebauten Fahrwegen. Über die Straße unterhalb von Bannholz gelangen wir nach Fliess, von wo eine Busverbindung nach Landeck besteht. **(Tip:** Vorher Busfahrplan besorgen!)

40 **Bergtour:** Landeck – Zirmegg, 2.073 m – Thialkopf, 2.398 m

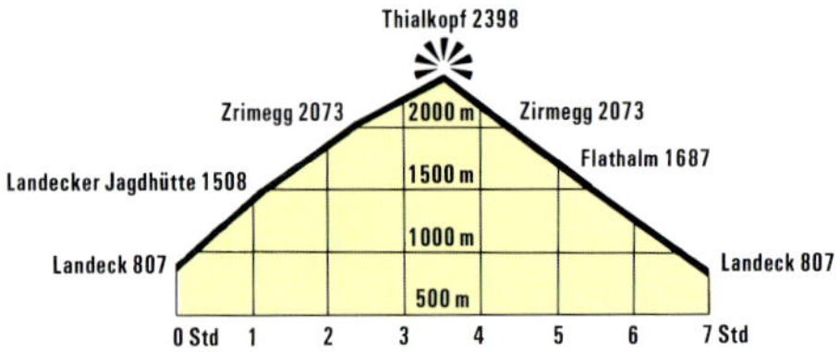

Ausgangspunkt: Landeck
Parken: in Perfuchs
Höhenunterschied: ca. 1.600 m

Wanderzeit: 7 Std.
Schwierigkeitsgrad: mittel!

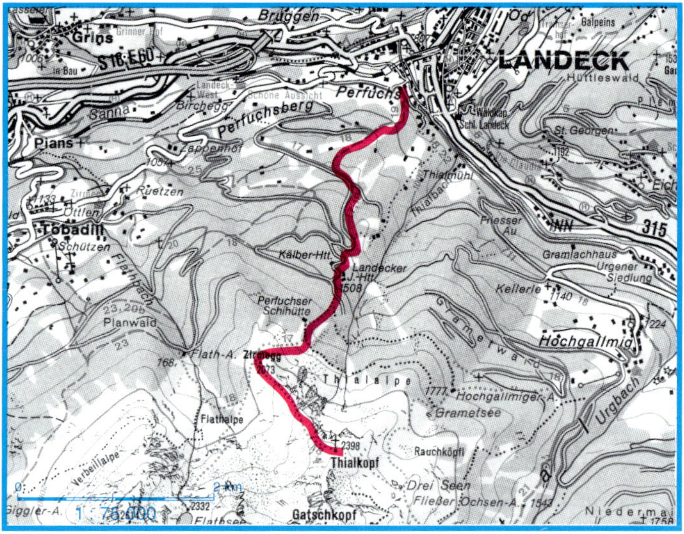

Tourenverlauf: Von Perfuchs aus wandern wir auf dem Weg mit der Markierung 19 zur Landecker Jagdhütte und weiter zur Perfuchser Skihütte. In recht steilem Aufstieg erreichen wir diese Brunnen zur Labung. Es steht uns ein noch steilerer Aufstieg, zwischen einzelnen Latschen und den vielen Alpenrosenstauden, hinauf zum Zirmegg bevor. In leichter Gratwanderung geht es von dort hinauf zum Thialkopf, 2.398 m. Von hier hat man einen ausgezeichneten Blick auf den Talkessel von Landeck/Zams und die umliegenden Ortschaften (Stanz, Fließ usw.). Der Abstieg kann entweder wieder auf demselben Weg erfolgen oder vom Zirmegg über die Flathalm. Letzterer ist zwar länger, aber die Wanderung durch den Wald ist sehr schön. In diesem Bereich sind alle Wege ausgezeichnet markiert und angeschrieben.

Herbststimmung bei Hochgallmigg

41 **Talwanderung:** Hochgallmigg – Urgtal – Urgsee

Ausgangspunkt: Hochgallmigg
Parken: im Bereich der Kirche
Höhenunterschied: 660 m
Wanderzeit: 4 Std.
Schwierigkeitsgrad: leicht!
Einkehr: Hochgallmigg, Jausenstation Fisser Alpe

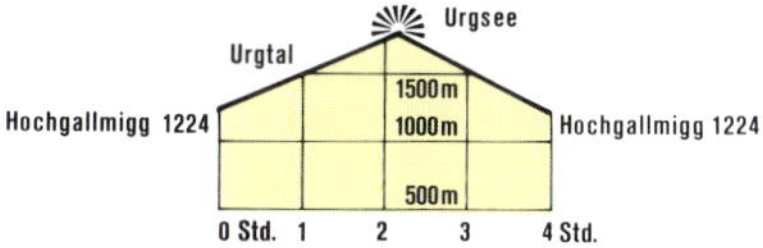

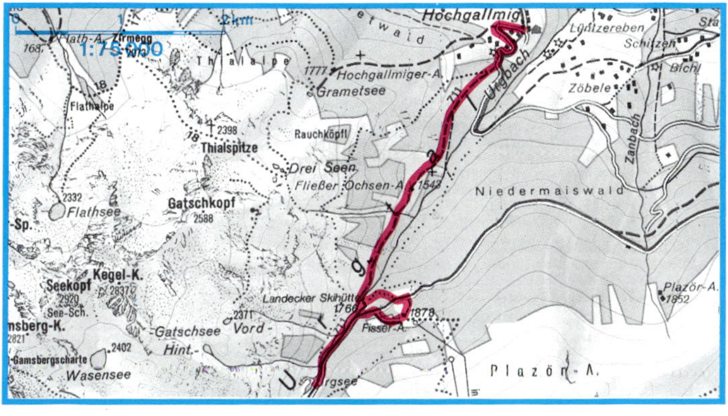

Tourenverlauf: Hochgallmigg ist ein kleines Bergdörfchen etwa 400 Meter hoch über dem Inn gelegen; es bildet den Ausgangspunkt für diese schöne Wanderung. Vom Kirchplatz (»Eggli«) der asphaltierten Straße entlang und nach einigen Gehminuten links weiter durch einen steinigen Hohlweg erreichen wir die letzten Häuser von Hochgallmigg. Ein Güterweg ins Urgtal erfordert wenig Anstrengung (flach), er steigt aber nach einer Abzweigung – wir gehen rechts weiter – etwas an. Dieser Weg führt uns auf die Fließer Ochsenalpe. Ab hier lohnt sich gutes Schuhwerk, da der Weg steiler ansteigt und stellenweise recht naß ist. Der gut markierte Weg »711« führt uns an der Landecker Skihütte, 1.766 m, vorbei und weiter hinein bis zum Urgsee, der aufgrund der starken Verlandung nur mehr eine ebene Fläche mit einem mäandrierendem Bach ist. Der Rückweg führt zuerst über die Jausenstation Fisser Alpe und dann auf demselben Weg zurück nach Hochgallmigg.

42 **Wanderung:** Hochgallmigg – Hochgallmigger Alm, 1.777 m – Grametsee

Ausgangspunkt: Hochgallmigg
Parken: beim Sägewerk
Höhenunterschied: 550 m
Wanderzeit: 1 1/2 Std.
Schwierigkeitsgrad: leicht!
Einkehr: Hochgallmigg

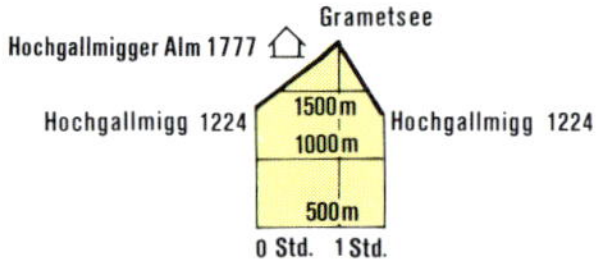

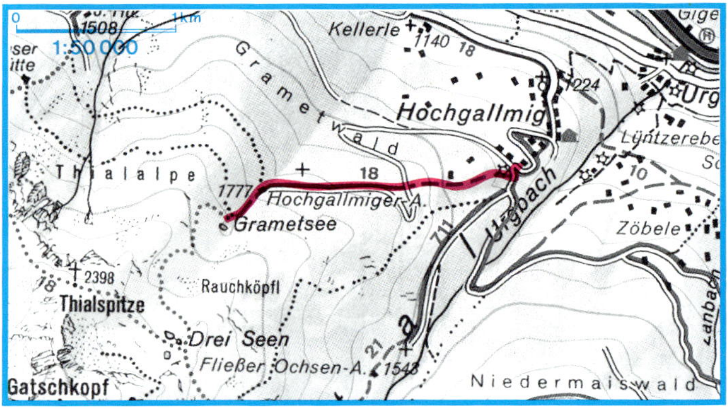

Tourenverlauf: Ausgangspunkt ist das kleine Dörfchen Hochgallmigg, von dessen Kirchplatz wir der Straße entlang gehen oder bis zu den letzten Häusern hinauffahren. Etwas oberhalb des kleinen Sägewerkes bietet sich eine bequeme Parkmöglichkeit an. Von dort führt ein gut markierter Wanderweg (Nr. 18) durch den Wald. Der Anstieg ist mäßig und der Erlebniswert dieser Wanderung sehr groß. Einmal wird ein Forstweg durchkreuzt. Nach etwa 3/4 Stunden kommen wir zur Hochgallmigger Alm. Diese ist heute aufgelassen; man sieht auch kaum mehr Vieh dort. Diese weite waldfreie Fläche gleicht einer vernachlässigten Naßwiese, übt aber trotzdem einen besonderen Reiz aus. Einige Gehminuten auf dem Wanderweg Nr. 18 weiter hinauf befindet sich der Grametsee (bei Einheimischen: Gondelsee). Dieser Bergsee, nahe der Waldgrenze, ist besonders schön. Er ist in einem Trog eingebettet und wider Erwarten recht tief. Das Baden ist zwar möglich, das Wasser aber eher zu kalt. Der Rückweg erfolgt am Anstiegsweg.

Samnaun Oberes Gericht

Samnaun – Oberes Gericht

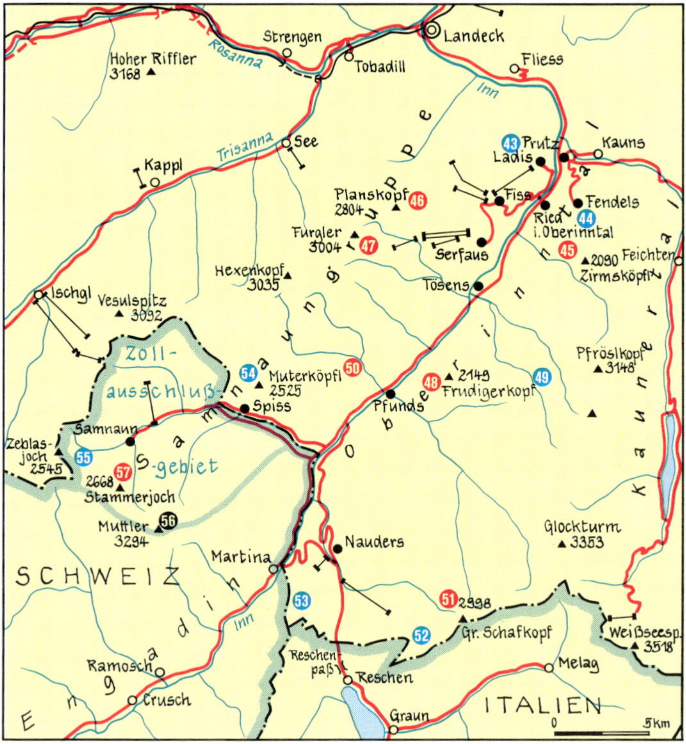

● Fremdenverkehrsverband, Verkehrsverein — Staatsgrenze — Eisenbahn
Straße — Seilbahn Sessellift — 45 Lage der beschriebenen Wanderwege

Vom Malojapaß durch das Engadin kommend, tritt der Inn an der Enge von Finstermünz als stattlicher Bergfluß in das Land Tirol ein. Zwischen dem Reschenpaß und dem Inn erstreckt sich die Hochfläche von Nauders, die meist mit steilen Flanken und Felswänden zum Inntal abstürzt, wo das historisch bedeutende Altfinstermünz die Zollstätte und Grenzfestung gegenüber dem Engadin bildete. Bei Finstermünz mündet auch das Spisser- oder Samnauntal in das Inntal. Während die Gemeinde Spiss österreichisch ist, gehören die Orte Compatsch und Samnaun zu Graubünden und damit zur Schweiz. Bekannt ist das Samnaun als Zollfreizone. Zwei Straßen führen nach Samnaun: die alte enge Straße durch viele Tunnels auf schweizerischem Gebiet und die neue Straße auf österreichischem Gebiet (Abzweigung beim Gasthof Kajetansbrücke).

Die Samnaungruppe ist eine kleine Gruppe der Zentralalpen, die es an Höhe und an Kühnheit der Formen nicht mit der westlich anschließenden Silvrettagruppe, noch mit den gegenüberliegenden Ötztaler Alpen aufnehmen kann. Dafür ist sie als Skiparadies bekannt. Umgrenzt wird sie vom Paznauntal im Norden, dem Inntal im Osten und Süden, dem Val Sinestra und dem Fimbatal im Westen. Der Westteil der Gruppe umschließt das Samnauntal (= Spisser Tal) halbkreisförmig. Höchste Erhebung ist der Muttler, 3.294 m, gefolgt von Stammerspitz, 3.254 m, Piz Mundin, 3.146 m, südlich des Spisser Tales und Hexenkopf, 3.035 m, nördlich davon. Bekannt ist der Furggler, 3.004 m, der vom Kölner Haus aus häufig erstiegen wird und phantastische Ausblicke auf den Kaunergrat, die südlichen Ötztaler Alpen, die Silvretta und die Verwallgruppe bietet.
Die Fortsetzung des Oberinntales auf Schweizer Gebiet bildet das Engadin, dessen östliche Gemeinde Schleins, mit rätoromanischem Namen Tschlin ist.
Zwischen Samnaungruppe und Ötztaler Alpen durchfließt der Inn das oberste Inntal. Eine Reihe unbesiedelter Hochtäler senken sich vom Glockturmkamm nach Westen hinab: das Bergle Tal, das Platztal und das Radurschltal, das sich mit dem Nauderer Tscheytal zum Pfundser Tal vereinigt. Gegenüber der Mündung des Pfundser Tales zieht das unbesiedelte Stubental aus den Bergen der Samnaungruppe herab. Die Talseiten des Inn säumen in dunklem »Bündner Schiefer« den Fluß. Über dem grünen Talboden liegen auf hohen Terrassen die westlichsten geschlossenen ehemals rätoromanischen Siedlungen Tirols mit den Namen wie Fiss, Fendels oder Obladis.
Sprachlich eingedeutscht hat sich ein Stück romanischen Volkstums erhalten, was im Ortsbild, den Häusern mit Rundbogeneinfahrten, vorspringenden Erkern und dem »geschaffelten« Brunnen unter dem Dorfheiligen dokumentiert wird. An der Pontlatzer Brücke – hier spielten die Tiroler 1703 und 1809 den feindlichen Kolonnen durch Steinlawinen übel mit – durchsägt der Inn den Venetberg, einen mächtigen Höhenrücken. Der Fluß wird nun beim Bezirksstädtchen Landeck durch die quergestellte Kette der Lechtaler Alpen in die große westösterreichische Längstalflucht nach Osten abgedrängt. Im Norden ragen die Steinmauern der Lechtaler Alpen auf. Im Süden hat die Umrahmung des Tales einen anderen Charakter. Lange Seitenkämme mit wuchtigen Berggestalten treten bis zur Talflanke herab. Aus den Seitentälern schäumen über Stufen wasserreiche Bäche, die von den Firnfeldern der Ötztaler Alpen gespeist werden. Dichter Wald bedeckt die unteren Hänge. Wo Raum ist, haben sich Höfe angesiedelt.

Ortsbeschreibungen:

FENDELS

Gde., Bez. Landeck, Einw.: 200, Höhe 1.356 m, Postltz.: A-6522. **Auskunft:** Tourismusverband Prutz – Faggen – Fendels. **Bahnstation:** Landeck (17 km).

Die typisch rätoromanische Siedlung mit eng aneinander gebauten und gemauerten Häusern liegt in einer terrassenartigen Mulde am

Fendler Bach über dem Inntal bei Ried. Hoch über dem Dorf und den Almwiesen erheben sich die nördlichsten Gipfel des Glockturmkammes mit dem Mittagskopf, Roten Schrofen und dem Gamskopf. 1972 wurde ein Großteil des Ortskerns durch eine Feuersbrunst vernichtet.

Sehenswert

Pfarrkirche Maria Himmelfahrt, eine im 13. Jh. erbaute Kapelle, im 15. Jh. und 1715 erweitert. – Die **Ruinen der ehemaligen Wallfahrtskapelle** auf dem Wiesele im Rodelswald.

FISS

Gde., Bez. Landeck, Einw.: 750, Höhe 1.436 m, Postltz.: A-6534. **Auskunft:** Tourismusverband Fiss. **Bahnstation:** Landeck (24 km). Busverbindung mit Landeck.
Bergbahnen: Seilbahnen, Sessel- und Schlepplifte.

Fiss auf der Sonnenterrasse zwischen Ladis und Serfaus gelegen, gehört seiner sonnigen Lage wegen neben den beiden genannten Höhenluftkurorten zu den traditionellen Sommer- und Wintertreffpunkten in- und ausländischer Besucher. Das malerische Bergdorf gruppiert sich um die stattliche Pfarrkirche. 1972 wurde die Ortsmitte durch einen Brand arg in Mitleidenschaft gezogen.

Sehenswert

Die **Pfarrkirche zum hl. Johannes dem Täufer,** 1310 bereits erwähnt, öfters vergrößert, 1717 barockisiert. – Das **Fisser Heimatmuseum** (Schwerpunkt: bäuerliches Leben).

LADIS

Gde., Bez. Landeck, Einw.: 500, Höhe 1.190 m, Postltz.: A-6531. **Auskunft:** Tourismusverband Ladis-Obladis. **Bahnstation:** Landeck (20 km). Busverbindung mit Landeck.
Bergbahn: Sessellift.

Ladis erreicht man von Ried aus. Der besonders reizvoll gelegene Ort breitet sich an der historisch interessanten Burg Laudegg aus. Ladis war schon in früherer Zeit wegen der Schwefelquellen in Bad Obladis und des dort gewonnenen Sauerbrunnenwassers bekannt. Die Sauerquelle soll von einem Hirtenknaben im Jahre 1212 entdeckt worden sein. Auch Kaiser Maximilian und andere Fürsten benützten das Sauerwasser als »aines der allerheilsamsten in ganz Teutschland«. Später bestellte die Herzogin Claudia einen eigenen Inspektor für den »Nigglbrunnen«. Seit 1833 ist die Quellenanlage im Besitz einer Aktiengesellschaft. Im ehemaligen Bad Obladis wurden Leiden wie Gicht, Rheuma und Ischias behandelt. Die Medizinalbäder, die lange Sonnenscheindauer und die Sauerbrunnenquelle haben im 19. Jh. Ladis den Ruf eines der bedeutendsten Erholungsorte der Ostalpen eingebracht. Nun ist es wieder möglich, Schwefelbäder bzw. Trinkkuren in der Pension Obladis zu nehmen.

Sehenswert

Die **Pfarrkirche St. Martin,** 1433 erwähnt, 1831 neu erbaut. – **Burg Laudegg,** einstiger Besitz der Herren von Laudeck, ging im 13. Jh. in den Besitz der Tiroler Grafen über. Vom 14. bis 17. Jh. war Laudegg Gerichtssitz, anschließend verfiel sie. Sie ist jetzt in Privatbesitz und wurde nach 1945 teilweise wieder aufgebaut und bewohnbar gemacht.

NAUDERS

Gde., Bez. Landeck, Einw.: 1.500, Höhe 1.365 m, Postltz.: A-6543. **Auskunft:** Tourismusverband Nauders. **Bahnstation:** Landeck (36 km). Busverbindung mit Landeck und Mals. **Bergbahnen:** Seilbahn, Sessel- und Schlepplifte.

Die Lage an der uralten Handelsstraße über den Reschenpaß hat Nauders schon von altersher Bedeutung verliehen. Aber auch die Großartigkeit der landschaftlichen Umgebung mag das Anwachsen der Siedlung gefördert haben. Es wirkt befreiend, wenn man, nach der Anfahrt aus der Tiefe der Innschlucht mit dem historischen Altfinstermünz auf der Hochfinstermünzstraße mit ihren Tunnels und militärischen Sperren auf der Hochfläche von Nauders anlangt. Die Spitzen der Sesvennagruppe und die Ausläufer der Ötztaler Riesen im Süden, die großartige Szenerie des Engadin und Samnaun im Westen, selbst von waldumkränzten Kuppen umgeben, trägt dieses Gebirgsdorf sozusagen einen königlichen Mantel. Als ehemaliger (13. Jh.–1919) höchstgelegener Gerichtshof Tirols hat Nauders auch als »Oberstes Gericht«, wie es der Volksmund nannte, der Bedeutung seiner Lage in früheren Zeiten Ansehen zu verschaffen gewußt. Gerichtssitz war das Schloß Naudersberg. Bei Nauders gabelt sich die aus Italien über den Reschenpaß führende Straße. Ein Zweig führt über die Norbertshöhe nach Martinsbruck/Martina im Unterengadin, ein anderer, die Hochfinstermünzstraße, führt hinab ins Oberinntal zur Kajetansbrücke südwestlich von Pfunds. Nauders ist ideal als Ausgangspunkt für zahlreiche Ausflüge in das Unterengadin und in die bereits von südlicher Sonne erwärmten Orte des Südtiroler Vinschgaus, besonders aber zu den Tälern und bekannten Punkten der bis Nauders heranreichenden Ötztaler Alpen. Auch als Wintersportplatz ist Nauders bekannt geworden. Das Dorf ist die Heimat des bekannten Historienmalers Carl von Blaas und der Bildhauer Johann Patsch und J. Bartlmä Kleinhans.

Sehenswert

Die **Pfarrkirche zum hl. Valentin,** 11. Jh., 1512 neu erbaut, 1830 umgebaut (Altarbildnis von C. von Blaas), Schnitzaltäre 15. Jh., außerdem Schnitzarbeiten des blinden Meisters J. Kleinhans. – Die **Spitalkirche,** got. – Kirche **Maria Hilf,** 1659 geweiht (interessante Stiftungsgeschichte). – Die romanische **St. Leonhard Kapelle** mit den ältesten Fresken Nordtirols (aus der Zeit um 1150). – **Schloß Naudersberg,** im 12. Jh. erbaut, erhielt 1499–1513 das heutige Aussehen (im Innern Kassettendecken), heute in Besitz des Landes Tirol, Besichtigung möglich. – Der **Stausee am Reschenpaß** mit dem **alten Kirchturm von Graun.** – Die romantische **Schlucht des Stillebaches** mit dem **Fort. – Museum** in der Festung Hochfinstermünz.

PFUNDS

Gde., Bez. Landeck, Einw.: 2.400, Höhe 970 m, Postltz.: A-6542. **Auskunft:** Tourismusverband Pfunds. **Bahnstation:** Landeck (30 km). Busverbindung mit Landeck und Nauders.

Das Dorf Pfunds mit seinen Ortschaften nimmt die ganze Talsohle beiderseits des Inn an der Einmündung des Pfundser Tales, das in seinem oberen Teil nach dem Bach Radurschltal genannt wird, ein. Es wird von Seitenkämmen des Glockturmkammes der Ötztaler Alpen umschlossen. Durch dieses Tal führt der Aufstieg zum Hohenzollernhaus, das die Bereiche des Glockturms, der Rifflkarspitze und des Wildnörderers erschließt. Der Radurschlbach wurde zusammen mit dem Tscheybach zur Speisung des Gepatsch-Stausees im obersten Kaunertal übergeleitet. Die Länge des Überleitungsstollens beträgt 11 km. Gegenüber der Mündung des Pfundser Tales zieht das Stubental auf der anderen Innseite in die Berge der Samnaungruppe hinein. Südlich von Pfunds, an der Kajetanbrücke, gabeln sich die Straßen nach dem Engadin und die Hochfinstermünzstraße, die zur Hochfläche von Nauders und damit zum Reschenpaß emporsteigt. Im Abschnitt zwischen Hochfinstermünz und Nauders führt die Straße mit großartigen Kunstbauten durch eine wildromantische Landschaft vorbei am in die Felswand hineingebauten Fort. Ebenfalls von der Kajetansbrücke führt die Straße ins Spisser Tal. In alter Zeit war Pfunds Sitz eines Gerichtes, das zunächst dem Hochstift Regensburg, später den Tiroler Grafen unterstand. Es gab eine Kupferhütte, in der die Erze aus dem Radurschltal und Nauderer Tscheytal eingeschmolzen wurden. Verschiedene Einwohner zeichneten sich bei der Abwehr des bayerischen Einfalls von 1703 besonders aus und erhielten langwährende Privilegien als Anerkennung.

Sehenswert

Die **Pfarrkirche St. Peter und Paul,** 1474 erwähnt, anfangs 1700 und dann noch einmal 1820 vergrößert. – **St. Ulrichskapelle** im Pfundser-Tal. – **Liebfrauenkirche** in Stuben, 1470 erbaut, später umgestaltet (Fresken). – Die **Kapelle in Greit.** – Das **Geburtshaus des Tiroler Dichters Johann Senn.** – Die wildromantische Schlucht und das **Fort** an der **Hochfinstermünzstraße.** – Die **Statue** des hl. Nepomuk auf der Innbrücke.

PRUTZ

Gde., Bez. Landeck, Einw.: 1.200, Höhe 866 m, Postltz.: A-6522. **Auskunft:** Tourismusverband Prutz – Faggen – Fendels. **Bahnstation:** Landeck (14 km). Busverbindung mit Landeck, dem Kaunertal und Nauders.

Das stattliche Dorf Prutz liegt an der Einmündung des Kaunertales in das Oberinntal, wo sich dieses nach Norden zur Enge der Pontlatzerbrücke verschmälert. Schon diese Verkehrslage sicherte dem Ort Bedeutung. Prutz ist 1028 zum ersten Mal als Brückenort erwähnt. An der Pontlatzerbrücke besiegte der Oberinntaler Landsturm 1703 einen französisch-bayerischen Truppenverband. Am gleichen Ort wurde 1809 ein bayerisches Regiment aufgerieben. Ein wenig unterhalb der Pontlatzerbrücke wird der Inn durch das Wehr von Runserau aufgestaut und das Wasser durch einen 12 km langen Stollen unter dem Venetberg hindurch nach Imsterau, südlich von Imst geleitet, wo das zugehörige Kraftwerk steht. Unmittelbar südlich von Prutz befindet sich das Kaunertalkraftwerk der Tiroler Wasserkraftwerke-AG, in dem die Energie der durch den Stollen und Druckschacht vom Stausee Gepatsch herbeigeleiteten Wasser in elektrische Energie umgesetzt wird.

Sehenswert
Die **Pfarrkirche Mariä Himmelfahrt,** 1027 erwähnt, 1521 aus einer romanischen Kirche umgebaut (der Unterbau des Turmes blieb romanisch), im 17. Jh. barockisiert. Das künstlerisch Wertvollste ist die seitlich angebaute Antoniuskapelle mit der Krypta, 1676. – Die **Totenkapelle** und die Johanneskapelle (18. Jh.) auf dem Friedhof. – Der **»Obere Turm«,** im 14. Jh. erwähnt. – Der **»Untere Turm«** mit Stubengetäfel von 1661. – Das **Obereiselerhaus** mit romanischem Eingang.

RIED im Oberinntal

Gde., Bez. Landeck, Einw.: 1.050, Höhe 877 m, Postltz.: A-6531. **Auskunft:** Tourismusverband Ried. **Bahnstation:** Landeck (16 km). Busverbindung mit Landeck und Nauders.

Ried ist eine bedeutende Gemeinde im oberen Teil des Oberinntales. Hier hatte das einstige Gericht von Schloß Laudegg seinen Sitz, dem nach der Lostrennung Südtirols auch der Gerichtssprengel Nauders zugeteilt wurde. Das ehemalige Gerichtsgebäude Ansitz Sigmundsried zieht von weitem die Blicke auf sich.
Ried selbst liegt noch in der Talniederung und wird von Wiesenland und leicht ansteigenden Waldhängen umgeben. Stattliche Bauernhöfe und Wohnbauten sowie moderne Fremdenbeherbergungsbetriebe im Tiroler Stil verleihen der Ortschaft ein anheimelndes, sauberes Aussehen. Ried ist Sitz einer Bezirksforstbehörde und besitzt auch wirtschaftliche Bedeutung. Mit den Höhenkurorten Serfaus und Ladis ist es durch eine gut ausgebaute Straße und ein abwechslungsreiches Wanderwegnetz verbunden.

Sehenswert
Die **Pfarrkirche zum hl. Leonhard,** 1320 erwähnt, gotische Fresken im Chor, 1718 vergrößert, romanischer Südturm. – Die **Kapuzinerkirche,** 1705 erbaut. – **Loretokapelle,** 1654 erbaut. – **St. Christinakapelle,** 1359 erwähnt, verfallen. – **Kriegergedächtniskapelle,** 1925 erbaut. – **Ansitz Sigmundsried,** im 13. und 14. Jh. erbaut, Besitz der Herren von Ried, 1471 von Sigismund von Tirol als Gerichtssitz ausgebaut, im 17. und 18. Jh. in Besitz der Familie Sterzinger, seit 1841 bis in unser Jahrhundert staatliches Gerichtsgebäude. Nun im Besitz des österr. Bundesheeres.

SAMNAUN

Gde., Kanton Graubünden, Höhe 1.835 m, Postltz.: CH-7551. **Auskunft:** Verkehrsverein Samnaun. **Bahnstation:** Landeck (45 km). Busverbindung mit Landeck.
Bergbahnen: Seilbahn und Schlepplifte.

Im 12. Jahrhundert dürfte Samnaun den Herren von Tarasp gehört haben. Diese verschenkten es dem Kloster Marienberg im Vinschgau. Ursprünglich ein romanisches Tal, hat sich hier in der Sprachinsel das Rätoromanisch bis auf den heutigen Tag bewahrt. Erst durch den zunehmenden Fremdenverkehr und die zahlreichen Gastarbeiter im saisonalen Gewerbe gewinnt Deutsch immer mehr an Bedeutung. Die älteste Talkirche, die Kapelle Mariahilf, befindet sich in Samnaun, während die Hauptkirche und auch das Schulzentrum in Compatsch erbaut wurden. Das ehemals einsame Tal hat große Anstrengungen unternommen und sich mit Erfolg um den Fremdenverkehr bemüht. Viel dazu beigetragen haben die 1978 erstellte Seilbahn ab Ravaisch und die Skilifte im Alp-Trida-Gebiet. Zusammen mit den Seilbahnen von Ischgl bilden die Aufstiegshilfen eine beliebte Skischaukel zwischen Österreich und der Schweiz. Die Tatsache, daß das Samnaungebiet seit jeher Zollausschlußgebiet ist, hatte entscheidenden Einfluß auf die fremdenverkehrsfördernde Entwicklung.

Sehenswert

Kapelle Mariahilf in **Samnaun. –** Kirche **hl. Jakob** in Compatsch, geschnitzter barocker Hochaltar und 3 Altarbilder von Deschwanden. – **Engadiner Haus** mit typischen Malereien und Sgraffito-Ornamenten in Plan.

SERFAUS

Gde., Bez. Landeck, Einw.: 1.050, Höhe 1.427 m, Postltz.: A-6534. **Auskunft:** Tourismusverband Serfaus. **Bahnstation:** Landeck. Busverbindung mit Landeck.
Bergbahnen: Seilbahnen, Sessel- und Schlepplifte.

Serfaus gehört heute zu den sonnenreichen Höhenluftkurorten Tirols, die internationalen Rang beanspruchen können. Es liegt auf dem Plateau zu Füßen der Komperdeller Hänge. Durch großzügige Erschließung wurde Serfaus ein beliebter Wintersportort.

Sehenswert

Die **alte Pfarrkirche »Unsere liebe Frau im Walde«** (ältester Wallfahrtsort Österreichs), 804 erbaut, got. Chor und Fresken aus dem 14. Jh., das Gnadenbild, eine thronende Mutergottes mit Kind aus Lindenholz, stammt aus der Zeit um 1100. – Die **Neue Pfarrkirche »Mariä Himmelfahrt«,** Ende 15. Jh., 1760 barockisiert. – **Pestkapelle** »auf dem Muiren«, 1635. – Die romanische **St. Georgs Kirche** mit dem Reliquienschrein, das Original ist im Tiroler Landesmuseum Ferdinandeum in Innsbruck, in der Kirche steht seit 1903 nur mehr eine Kopie; es ist dies ein wertvolles frühgotisches Kunstwerk.

SPISS

Gde., Bez. Landeck, Einw.: 100, Höhe 1.627 m, Postltz.: A-6542. **Auskunft:** Gemeindeamt Spiss. **Bahnstation:** Landeck (40 km). Busverbindung mit Landeck und Samnaun.

Die Bauernhöfe von Spiss schmiegen sich an den Berghang zu Füßen der Felsen und des Bannwaldes am Muterköpfl. Das Bett des Schalklbaches in der Tiefe trennt die Schweiz von Tirol. An der Südseite des Tales steigen zu beiden Seiten des steilen Kartes mit dem Vadret Alpetta (Vadret = Gletscher, rätoromanisch) stolze Felsgipfel auf. Bis vor kurzem war die Ortschaft mit Kraftfahrzeugen nur über die Schweizer Seite über Martinsbruck/Martina und Weinberg/Vinadi erreichbar. 1982 wurde eine neue Straße von der Kajetansbrücke nach Spiss eröffnet, die nun die Hauptanfahrtsroute der Samnauner Gäste bildet. Damit erhofft man sich eine Belebung von Spiss, das allgemein als eines der ärmsten Dörfer Österreichs gilt, und deshalb auch ab 1942 als »Aufbaudorf« apostrophiert wurde. Urkundlich wird die Siedlung erstmals

1302 erwähnt, 1547 war sie Gemeinde, später kam sie zu Nauders und dem Vinschgau. Zuletzt wurde Spiss aber dann dem Oberinntaler Kreis zugeteilt. Im Engadiner Krieg geplündert, erfuhr die kleine Niederlassung alle Heimsuchungen und Leiden des lange Zeit schwelenden Streites zwischen Tirolern und Schweizern. Auch bereiteten Auseinandersetzungen mit den Engadinern über den endgültigen Verlauf der Staatsgrenze den Bewohnern des Bergdorfes mancherlei Schwierigkeiten. Spiss gilt als gern besuchter Durchgangsort für Höhenwanderer in das Samnaun und in das Paznauntal.

TÖSENS

Gde., Bez. Landeck, Einw.: 650, Höhe 931 m, Postltz.: A-6541. **Auskunft:** Tourismusverband Tösens. **Bahnstation:** Landeck (25 km). Busverbindung mit Landeck und Nauders.

Seit der Neutrassierung der Bundesstraße liegt der Ortskern von Tösens abseits des Durchgangsverkehrs zwischen der neuen Straße und dem Inn. Zur Gemeinde Tösens gehören auch die Weiler Steinbrücken, Übersaxen, Bruggen, Egg und Ganden.

Sehenswert

Die **Pfarrkirche zum hl. Laurentius,** 1708–1711 erbaut, 1852 erweitert. – Die **Totenkapelle** im Friedhof (Gemälde vom Jüngsten Gericht von Ph. Greil). – Die **St. Josefs Kapelle** in Steinbrücken, 1676 erbaut. – Das **stillgelegte Silberbergwerk** auf der Platzalpe in 2.100 m Höhe. – Die sogenannte **Römerbrücke** aus Stein (aus dem 14. Jh.).

St. Georg ob Tösens: Spätgotisches Wandbild von 1482 (hl. Georg)

43 **Wanderung:** Prutz – Obladis – Waldkapelle – Ladis

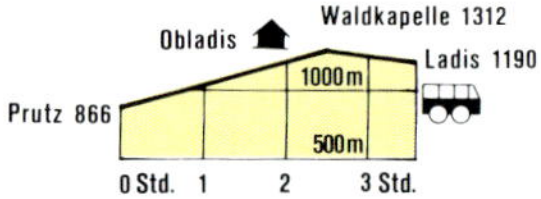

Ausgangspunkt: Prutz
Parken: Postamt
Höhenunterschied: 500 m

Wanderzeit: 3 1/2 Std.
Schwierigkeitsgrad: leicht!
Einkehr: in Obladis

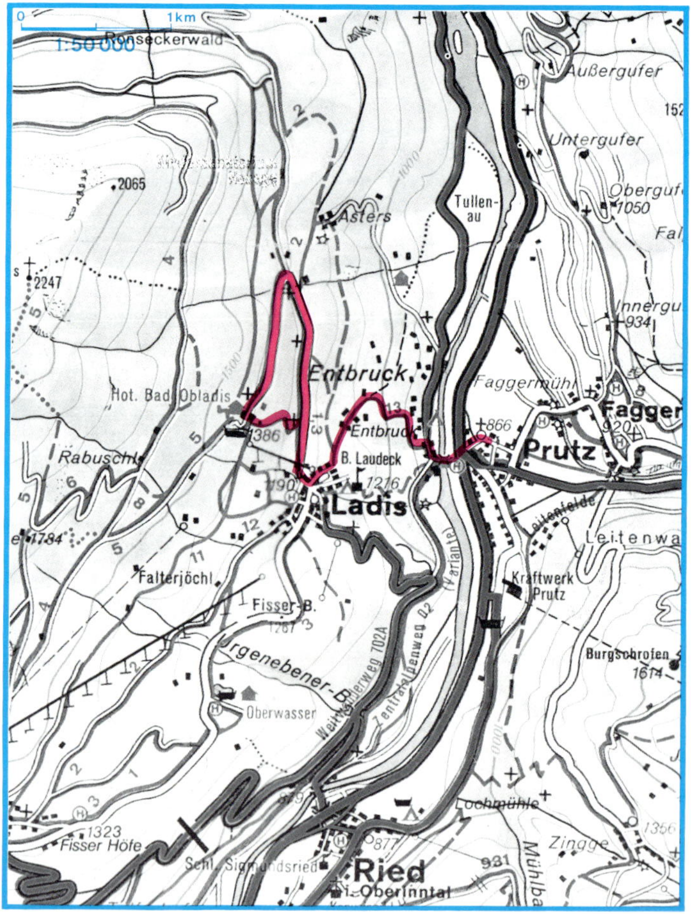

Die Burg Laudegg in Ladis

Tourenverlauf: Zuerst spazieren wir über die nahe Innbrücke. Weiter geht es links über eine kleine Fahrstraße bis hinauf zu den letzten Häusern. Kurz vor dem Kalvarienberg zweigen wir rechts ab und gehen den recht breiten Gassenweg weiter nach Norden. Dabei umgehen wir den Burgberg bzw. Burgfelsen von Laudegg und kommen von der hinteren Seite nach Ladis hinauf. Am großen Dorfteich gehen wir vorbei und rechts ab. Ein breiter Weg (siehe Wegweiser) führt, beginnend etwas oberhalb des Dorfes, hinauf zum Cafe Obladis. Auf einem flachen Weg gelangen wir von dort zur Waldkapelle, 1.312 m, und von dort wieder nach Ladis zurück. Ab Ladis besteht die Möglichkeit, mit dem Bus nach Prutz zurückzufahren.

44 **Wanderung:** Fendels – Fendler Alm, 1.955 m – Zirmsköpfl, 2.090 m

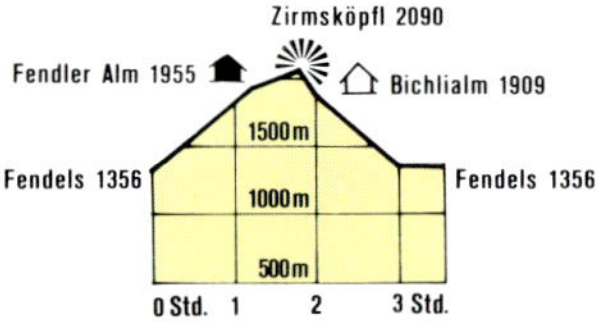

Ausgangspunkt: Fendels
Parken: Parkplatz vor dem Schranken
Höhenunterschied: 550 m
Wanderzeit: 3 1/2 Std.
Schwierigkeitsgrad: leicht!
Einkehr: Fendler Alm

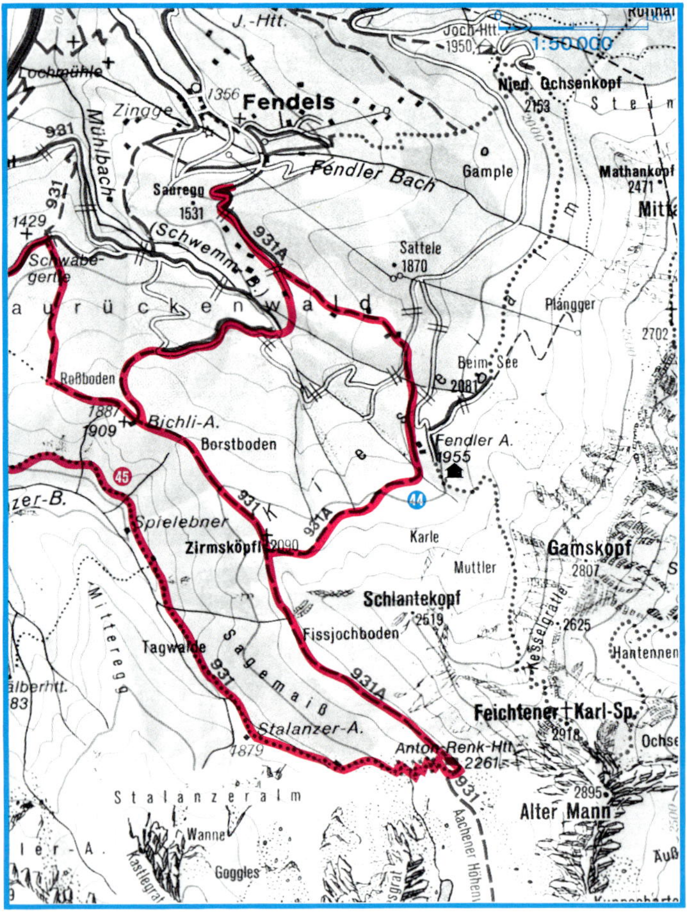

Tourenverlauf: Vom Ende der asphaltierten Straße (etwas oberhalb Sauregg) führt der Weg 931 A zuerst über Wiesen in einen lichten Wald hinein. Durch diesen, teils aber auch über freie Flächen, gelangt man

zur Fendler Alm, 1.955 m. Ein Steig führt, den latschenbewachsenen Hang aufwärts querend, zum Zirmsköpfl, 2.090 m. Dieser Weg steigt nur sehr wenig an und bringt deshalb keine großen Anstrengungen mit sich. Rechts des Regenmessers geht es wieder hinunter. Ein Stück unterhalb des Zirmsköpfls auf einer größeren freien Fläche läßt sich leicht ein schöner Platz für ein Picknick finden.
Beim Weitergehen kommt man zur sogenannten Bichlialm, 1.909 m. Von dieser aufgelassenen Alm geht es rechterhand weiter in den Wald (vorbei am Roßboden) und hinunter in Richtung Fendels. Nach einem steilen Wegstück im Wald kommt man auf einen Güterweg, auf dem man leicht zum Ausgangspunkt zurückfindet.

45 **Bergwanderung:** Ried – Anton-Renk-Hütte, 2.261 m – Zirmsköpfl, 2.090 m

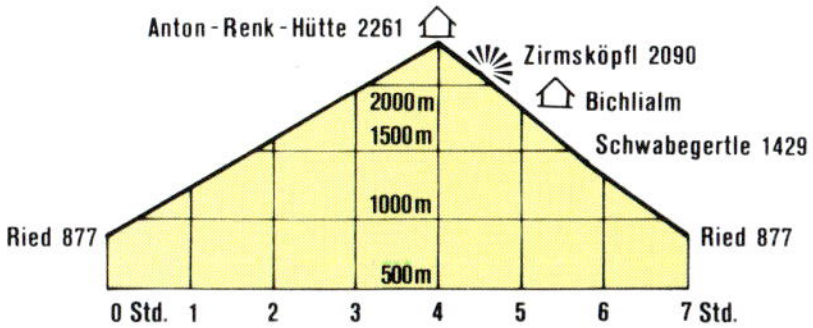

Ausgangspunkt: Ried
Parken: Pfarrkirche
Höhenunterschied: 1.380 m

Wanderzeit: 7 Std.
Schwierigkeitsgrad: mittel!
Karte: siehe Seite 84

Tourenverlauf: Rechts der Pfarrkirche von Ried im Oberinntal zweigt der Weg Nr. 931 ab. Wir folgen den Markierungen des Fahrweges, der mäßig steil aufwärts führt. Abwechselnd gehen wir auf dem Wanderweg und Fahrweg. Sind wir in Höhe des großen Überleitungsmastens angelangt, verlassen wir bald den breiten Fahrweg nach rechts hinauf über einen breiten Steig (Abkürzung). Etwa nach 20 Min. treffen wir abermals auf den Fahrweg, auf dem wir ab nun bis zur Stalanzer Alm weiter wandern. Sobald wir die Steilstufe des Tales überwunden haben und den Almboden betreten, erblicken wir geradeaus einen breiten Schleierwasserfall und links davon die Anton-Renk-Hütte. Zuerst gehen wir weiter bis unter die Felsen, von wo ein schmaler Steig zur unbewirtschafteten Hütte hinaufführt.
Beim Abstieg gehen wir eben hinaus zum Zirmsköpfl, von dort weiter durch den Wald zur Bichlialm, 1.909 m, und über das Schwabegertle, 1.429 m, auf dem AV-Weg 931 zurück nach Ried.
Hinweis: Der Schlüssel für die Hütte ist nur für Mitglieder des Alpenvereins oder gleichartiger Vereine gegen Entgelt bei Hermann Sailer, A-6531 Ried, Haus Nr. 64, Schuhfachgeschäft, erhältlich.
Die Anton-Renk-Hütte ist vorzüglicher Stützpunkt für die Besteigung der Feichtener Karlspitze (3 Std. nur für Geübte), des Alten Mann (1 1/2 Std. nur für Geübte!) und des Pfröslkopfes (4 Std. für Geübte). Der teilweise schwierige Übergang zum Gepatschhaus über die Scharte bei der Rifekarspitze (8 Std.) ist eine der stillsten Wanderungen im Bereich des Glockturmkammes.

46 **Gratwanderung:** Fiss – Fisser Joch, 2.426 m – Planskopf, 2.804 m – Serfaus

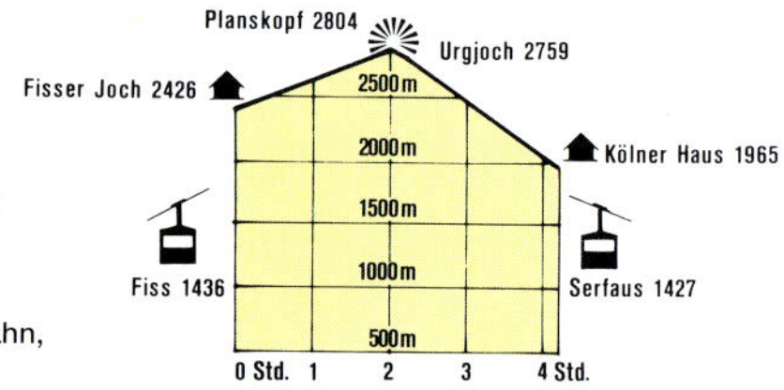

Ausgangspunkt: Fiss
Parken: Parkplatz Schönjöchlbahn
Höhenunterschied: 1.370 m
Wanderzeit: 4¼ Std.
Schwierigkeitsgrad: mittel!
Einkehr: Bergstation Schönjöchlbahn, Kölner Haus

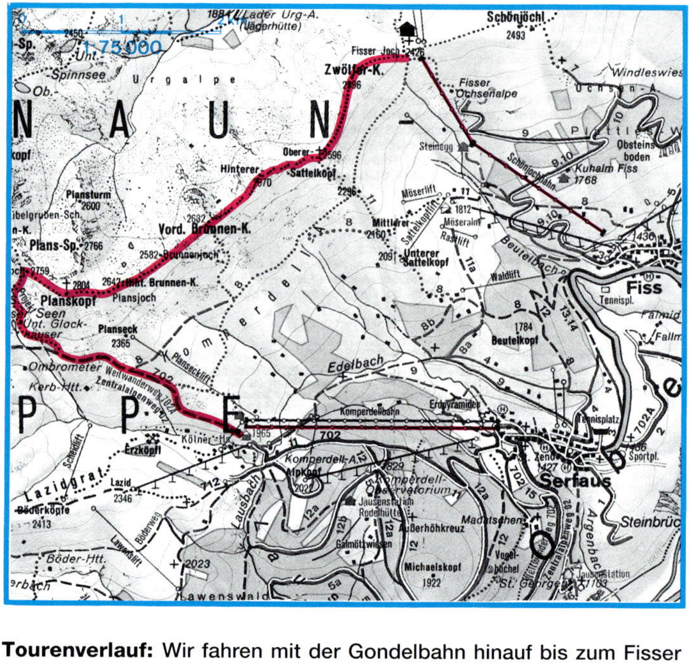

Tourenverlauf: Wir fahren mit der Gondelbahn hinauf bis zum Fisser Joch. Innerhalb kürzester Zeit sind wir somit auf etwas mehr als 2.400 m – aber die Wanderung wird noch lange genug dauern. Mäßig steil gehen wir auf den Zwölferkopf, 2.596 m und in weiterer Folge auf den Oberen Sattelkopf, 2.596 m, und Hinteren Sattelkopf, 2.670 m, den Vorderen Brunnenkopf, 2.682 m und Hinteren Brunnenkopf, 2.642 m. Nach dem Zwölferkopf sind die einzelnen Gipfel jeweils durch ein kleines Joch getrennt. Vom Hinteren Brunnenkopf geht es wieder ein Stück abwärts (Plansjoch) und hinauf zum Planskopf, 2.804 m.
Beim Abstieg verfolgen wir den bisher gegangenen Weg weiter bis zum Urgjoch, 2.759 m, und zweigen dort links in den steilen Hang ab. In vielen Kehren steigen wir abwärts, vorbei am unteren Glockhäuser-

see. Ein Stück darunter treffen wir auf den Zentralalpenweg 02 (Weitwanderweg 702) und wandern diesen entlang bis zum Kölner Haus. Wahlweise geht es nun weiter zu Fuß oder mit der Komperdellbahn hinab nach Serfaus.

47 **Bergtour:** Serfaus – Furgler, 3.004 m – Kölner Haus, 1.965 m

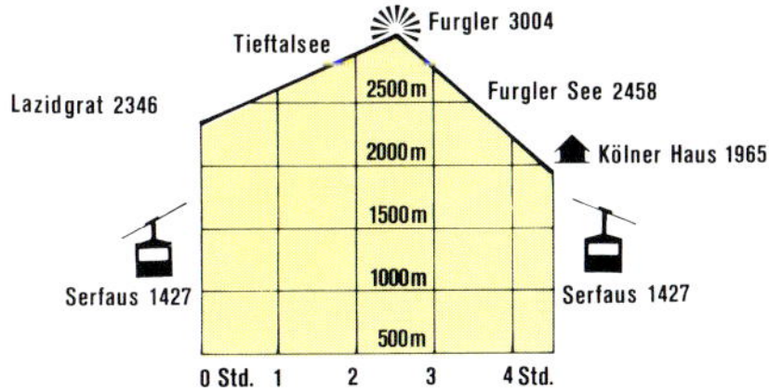

Ausgangspunkt: Serfaus
Parken: Parkplatz Komperdellbahn
Höhenunterschied: 1.040 m
Wanderzeit: 4 ¹/₂ Std.
Schwierigkeitsgrad: mittel!
Einkehr: Kölner Haus

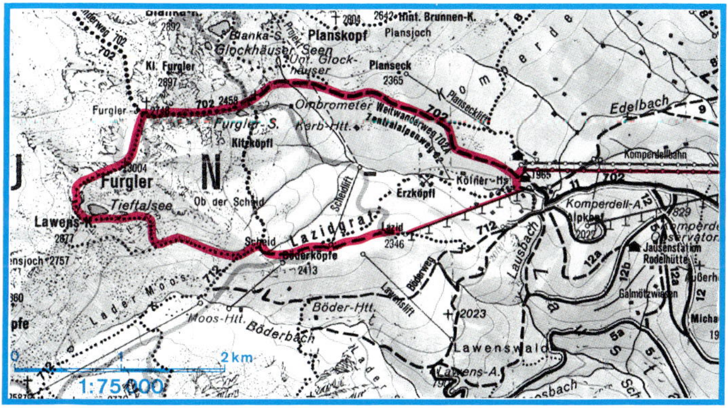

Tourenverlauf: Wohl die beliebteste Bergtour mit dem Ausgangspunkt Serfaus stellt die relativ leichte Besteigung des 3.004 Meter hohen Furglers dar. Bei guten Wetterverhältnissen ist er einer der am leichtesten besteigbaren Dreitausender im Oberinntal. Mit der Seilbahn zum Kölner Haus und von dort mit der Sesselbahn hinauf zum Lazidgrat, 2.346 m. Bei der Scheid teilt sich der breite Weg. Wir nehmen den westlich, vorerst flach, dann steiler hinziehenden Steig zum Tieftalsee, wo auch sommers Eisschollen treiben. Von Süden her bezwingen wir den Gipfelaufbau (Firnfeld), der problemlos bewältigt wird. Vom Gipfelkreuz genießen wir die prachtvolle Sicht auf den Kaunergrat und Glockturmkamm. Nach Norden absteigend überschreiten wir den Blockgrat zum Furgler Joch, 2.748 m. Jetzt geht es steil abwärts über Schneeflecken zum herrlich gelegenen Furgler See mit der beeindruckenden Gebirgskulisse. Hier sollte man eine Rast einlegen. Der gut markierte Zentralalpenweg 02 quert nun die Bergrasenhänge in sanftem Gefälle und bringt uns durch eine etwas sumpfige Zone direkt zum Kölner Haus zurück, von wo wir die Talfahrt antreten.

48 **Bergtour:** Pfunds – Frudigerkopf, 2.149 m

Ausgangspunkt: Pfunds
Parken: Tscheylückle Greit
Höhenunterschied: 750 m
Wanderzeit: 3 1/2 Std.
Schwierigkeitsgrad: mittel (Orientierungssinn notwendig)!
Einkehr: Gasthof Berghof

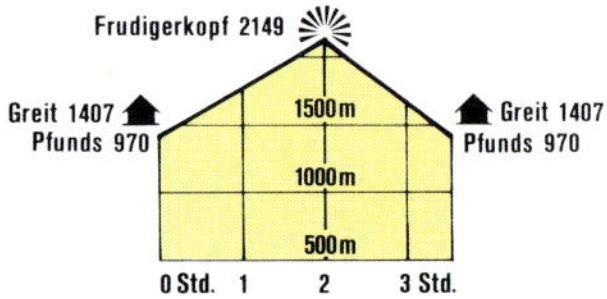

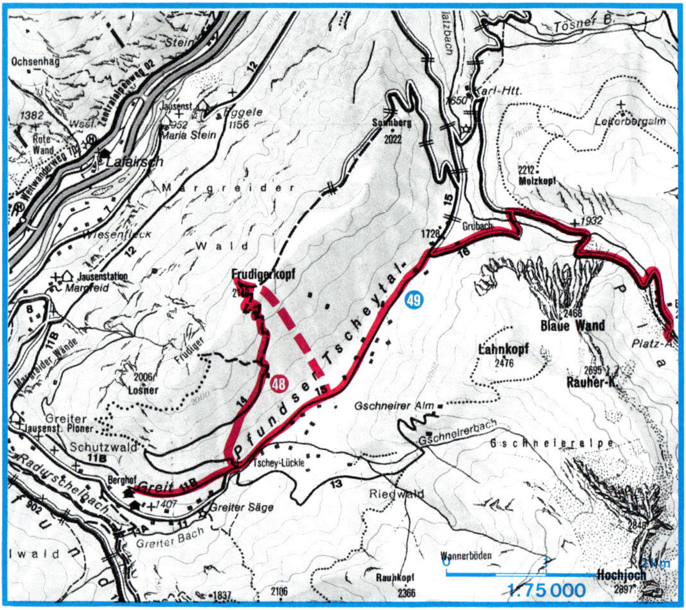

Tourenverlauf: Unmittelbar von der Tscheylückle zweigt links hinauf ein Fahrweg ab, auf dem wir durch den Wald mäßig steil hinauf steigen. Danach geht es auf einem steilen Wiesenweg durch Lärchenwiesen bis zu den obersten Bergwiesen. Von dort führt über einige Abzäunungen und vorbei an zahlreichen »Pillen« (Heuschupfen) unser Weg weiter zum lichten Zirbenwald. Die Orientierung ist hier zum Teil etwas schwierig, da Markierungen manchmal fehlen. Im obersten Teil wendet sich der Weg nach links hinüber und wir gelangen auf ein kleines verstecktes Köpfchen, auf dem ein Kreuz steht. Die Aussicht überrascht sicher, wenn man auf diese Erhebung kommt.
Im Sommer, wenn die Bergwiesen schon gemäht sind, dann kann der Abstieg nach eigenen Vorstellungen gewählt werden. Der gesamte Hang gegen das Pfundser Tschey ist unproblematisch zu begehen – und man findet sicher hinunter. Sind die Wiesen allerdings noch nicht gemäht, muß man auf dem Weg bleiben (d. h. Abstieg gleich wie Aufstieg).

Pfundser Tschey

49 **Wanderung:** Pfunds – Tschey – Platzalm, 2.100 m

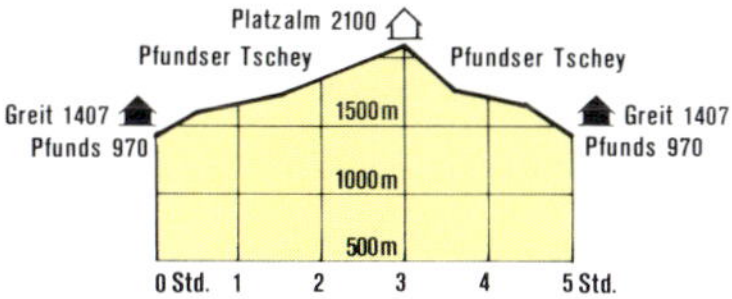

Ausgangspunkt: Pfunds
Parken: Tscheylückle Greit
Höhenunterschied: 600 m
Wanderzeit: 5 Std.

Schwierigkeitsgrad: leicht!
Einkehr: Gasthof Berghof
Karte: siehe Seite 88

Tourenverlauf: Mit dem Auto gelangt man bequem von Pfunds zum Ortsteil Greit (ca. 350 m über dem Tal) und weiter zur Tscheylückle. Von der Tscheylückle geht es entlang des Fahrweges gemächlich aufwärts. Besonders schön ist diese wunderbare Hochfläche im Frühjahr und Frühsommer, wenn alles in Blüte steht oder im Herbst, wenn die zahlreichen Lärchen gelb werden. Im Bereich Grubach verläßt man den Weg Nr. 15 und zweigt rechts aufwärts ab (Weg Nr. 16). In der Folge überquert man den Platzbach und geht am Hang durch lichten Wald aufwärts. Der Platzbach wird nun noch zwei weitere Male überquert, bis die verfallenen Anlagen der Blei- und Silberaufbereitung sichtbar werden. Von diesen Ruinen sind es nur mehr wenige Minuten bis zur Platzalm. Auf dem Rückweg überquert man den Bach nur einmal, denn ein schmaler Steig führt auf dem rechten Hang (talauswärts gesehen) oberhalb des Baches hinab. Bei einem Wegkreuz kommt man auf den Fahrweg, auf dem man herauf gekommen ist. Ab hier ist der Rückweg gleich wie der Anmarsch.

50 **Rundwanderung:** Pfunds – Prais – Pletscher – Pfunds

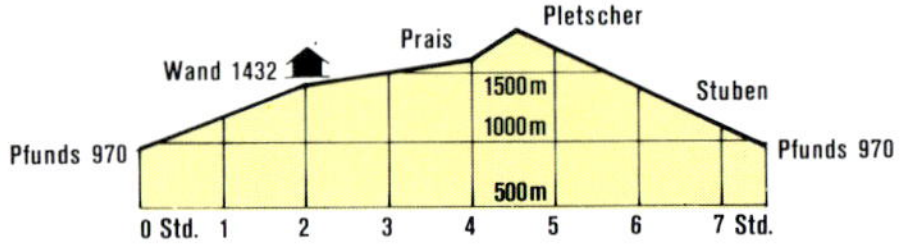

Ausgangspunkt: Pfunds
Parken: im Ort
Höhenunterschied: 800 m

Wanderzeit: 7 1/2 Std.
Schwierigkeitsgrad: mittel!
Einkehr: in Pfunds

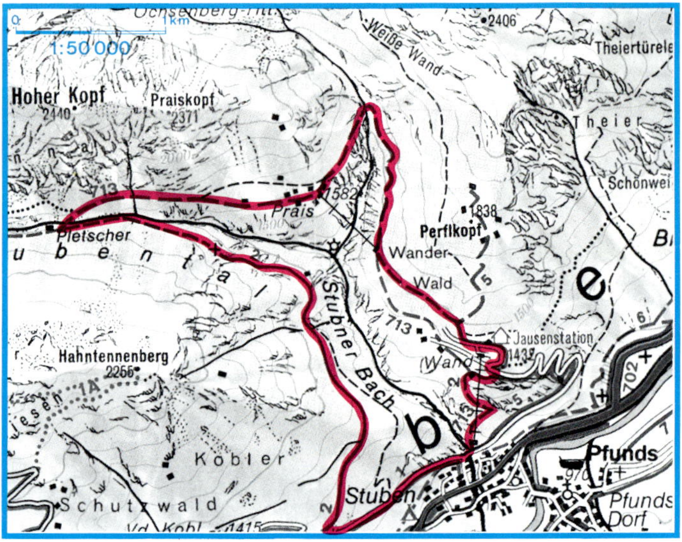

Tourenverlauf: Von Pfunds gehen wir los nach Stuben und queren den Stubner Bach etwas oberhalb des Dorfes. Es besteht die Möglichkeit, auf der Fahrstraße weiterzugehen. Zu empfehlen ist allerdings der steile Weg (Abkürzung) hinauf nach Wand, 1.432 m. Dieser Aufstieg ist sehr anstrengend, doch man ist wesentlich schneller. Von Wand führt ein eher flacher Waldweg taleinwärts. Wir blicken dabei in die wildromantische Schlucht des Masnerbaches. Im hinteren Talgrund, unterhalb der Weißen Wand, überqueren wir auf einem Steg diesen Bach und gehen auf der anderen Seite am steilen und schmalen Weg hinauf zu den Praishöfen. Es sind dies alte verfallene Höfe (aufgelassen um 1900), deren Ursprung bis in die bajuwarische Besiedlungszeit zurückreicht. Das Gelände ist durchwegs steil und auf dem schmalen Weglein geht es weiter bis zum Talgrund des Stubentales (Bereich Pletscher). Der Steig auf der anderen Talseite geht schließlich in einen Transportweg über. Auf diesem erreichen wir Stuben ohne besondere Anstrengung.

51 **Bergtour:** Nauders – Großer Schafkopf, 2.998 m

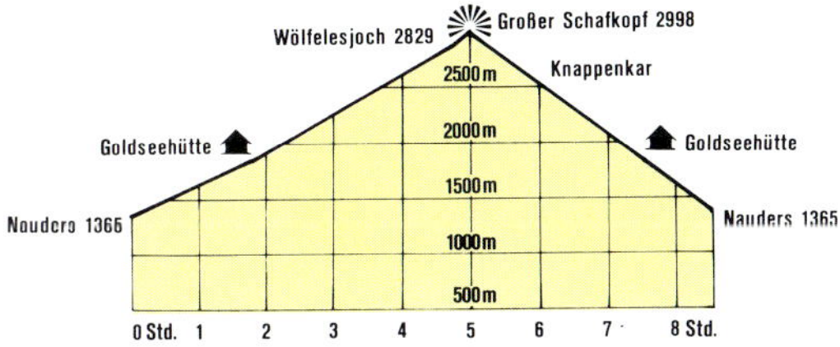

Ausgangspunkt: Nauders
Parken: im Ort
Höhenunterschied: 1.630 m

Wanderzeit: 8 1/2 Std.
Schwierigkeitsgrad: mittel!
Einkehr: Goldseehütte

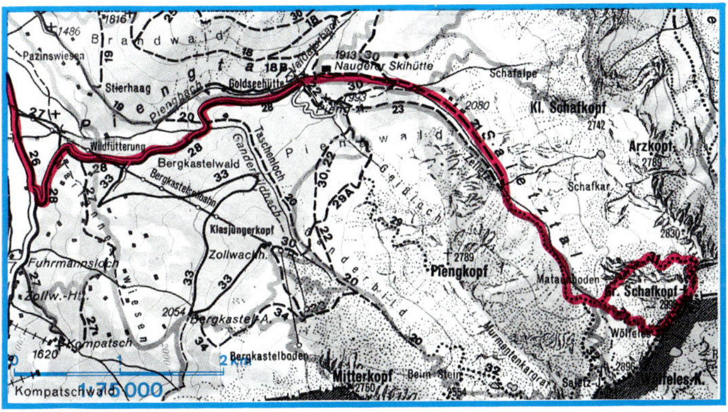

Tourenverlauf: Für diese lange und recht anstrengende Wanderung benützen wir den kürzesten Anstieg. Auf dem Weg Nr. 19 verlassen wir das Dorf in südöstlicher Richtung – hier gehen wir bald unter dem Skilift hindurch. Zuerst über Wiesen, dann über Lärchenwiesen und teilweise durch geschlossenen Wald steigen wir auf, nur mäßig steil, überqueren den Piengbach und gelangen über ein Steilstück zur Goldseehütte. Weiter geht es über die Piengalm hinein ins Saletztal. Dieser Anstieg gestaltet sich nur mäßig steil. Oben bei den Mataunböden gehen wir beim ersten Wegweiser links und beim zweiten (Oberer Mataunboden) rechts über eine Steigspur zum Wölfelesjoch, 2.829 m. Über den Grat gelangt man zum 2.998 m hohen Großen Schafkopf. Eine selten schöne Aussicht auf die Dreitausender der zentralen Ötztaler Alpen bietet sich uns hier oben. Jenseits des Langtauferer Tals ragen die mit Hängegletschern versehenen Gipfel rund um die Weißkugel empor. Der Abstieg zu den Mataunböden erfolgt durch das Knappenkar im großen Bogen westwärts hinab. Dort treffen wir auf den Anstiegsweg, dem wir durch das Saletztal zur Nauderer Skihütte, zur Goldseehütte und nach Nauders folgen.

52 **Bergwanderung:** Nauders – Goldseen, 2.585 m

Ausgangspunkt: Nauders
Parken: Parkplatz der Bergkastelseilbahn
Höhenunterschied: 1.220 m von Nauders, 382 m von der Seilbahn
Wanderzeit: 3 1/2 Std.
Schwierigkeitsgrad: leicht!
Einkehr: Bergkastel-Restaurant, Goldseehütte

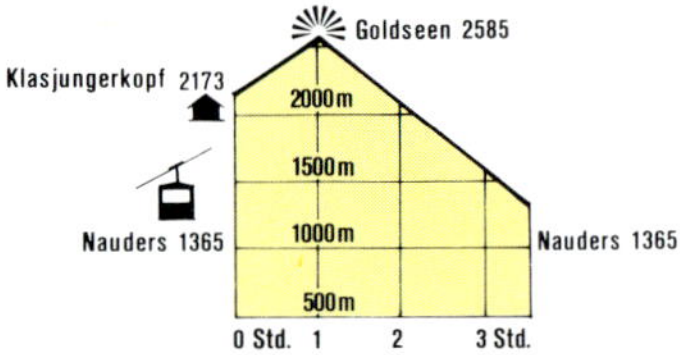

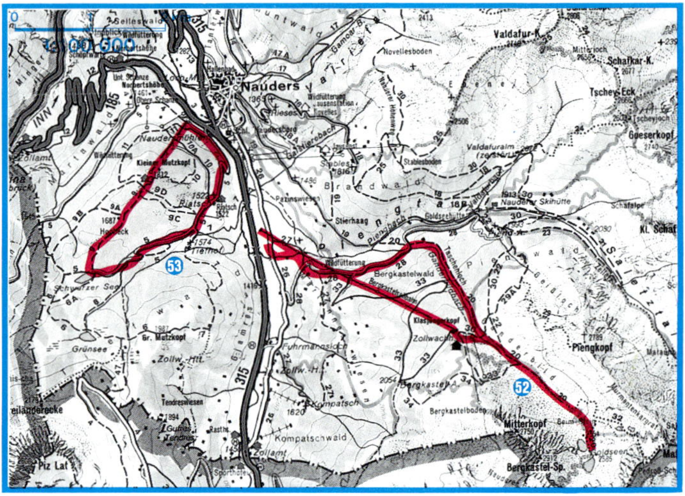

Tourenverlauf: Eine wesentliche Erleichterung bringt die Benützung der Bergkastelseilbahn mit sich, mit der wir in wenigen Minuten bis auf 2.173 m (Klasjungerkopf) kommen. Der Weg bringt uns über Geröll und Blockwerk durch das Ganderbild. Besonders markant im Ganderbild ist ein großer Felsblock wo es heißt »beim Stein« – dieser steht mitten im Talgrund und erleichtert die Orientierung. Ein Stück oberhalb des »Steines« befindet sich ein Wegweiser. Man sieht hier auch schon den Unteren Goldsee, zu dem wir etwas hinuntersteigen. Über Blockwerk geht es weiter hinauf zum Oberen Goldsee.
Beim Abstieg folgen wir demselben Weg (Nr. 20) wie beim Aufstieg, aber nur bis zu jenem Bereich, wo der Weg von der Seilbahn bis zum Ganderbild herkommt. Auf der rechten Seite des Ganderbildbaches steigen wir durch den Wald hinab. Bei der Brücke weiter unten überqueren wir den Bach und gehen auf dem Fahrweg, der hier heraufkommt, talwärts. Wenig unterhalb einer Doppelkehre dieses Fahrweges zweigen wir rechts auf einen anderen Fahrweg ab. Zum Parkplatz zurückzufinden ist gänzlich unschwierig – als Orientierung dient die Seilbahn.

Nauders

53 **Wanderung:** Nauders – Schwarzer See

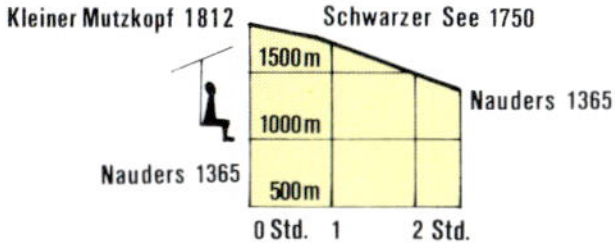

Ausgangspunkt: Nauders
Parken: Parkplatz Mutzkopflift
Höhenunterschied: 380 m
Wanderzeit: 2 1/2 Std.
Schwierigkeitsgrad: leicht!
Einkehr: Berggasthof am Kleinen Mutzkopf
Karte: siehe Seite 92

Tourenverlauf: Diese Wanderung führt durch eine wunderbare Moor- und Waldlandschaft und bietet auch dem ungeübten Wanderer Einblick in eine herrliche Gegend. – Bequem erreichen wir mit dem Sessellift den Kleinen Mutzkopf, 1.812 m, von wo wir über den gesamten Tiefwald blicken können. Der markierte Weg Nr. 9 führt nun etwas steiler hinunter und wird wieder flacher. Teils geht es durch Wald, teils über freie Moorflächen ganz leicht ansteigend zum Schwarzen See, 1.725 m. Dieser wunderschöne Bergsee ist gänzlich von Wald umgeben und teilweise von Moor gesäumt. Ein vortrefflicher Blick auf das Massiv des Piz Mundin und des Muttlers belohnt den Wanderer für den ohnehin leichten Aufstieg. Auf dem Weg Nr. 5 gehen wir über Riatsch zurück in Richtung Nauders. Knapp unterhalb der Sesselift-Talstation kommen wir wieder auf die asphaltierte Straße.

54 **Bergtour:** Spiss – Muterköpfl, 2.525 m

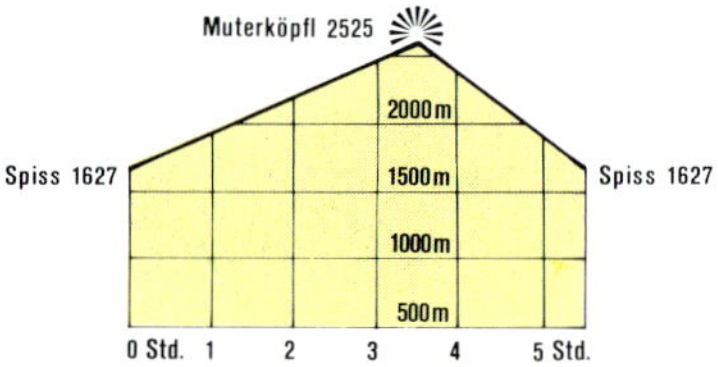

Ausgangspunkt: Spiss
Parken: in Oberspiss
Höhenunterschied: 860 m

Wanderzeit: 5 1/2 Std.
Schwierigkeitsgrad: leicht!

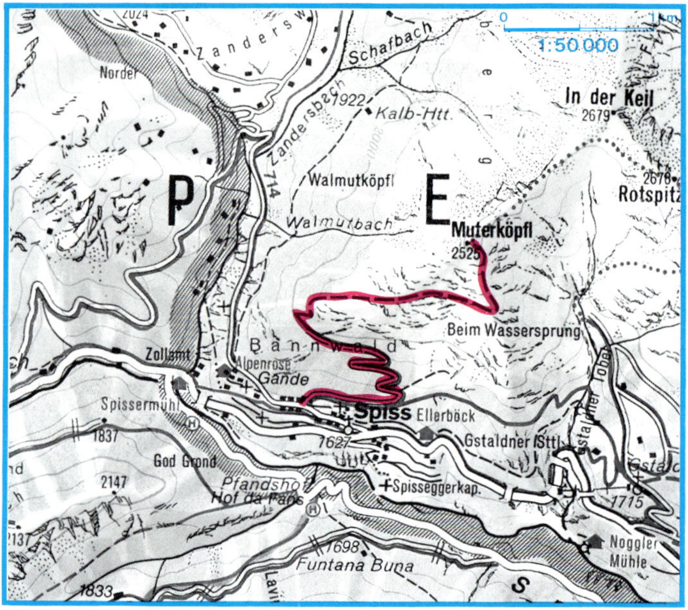

Tourenverlauf: Von Pfunds kommend fahren wir auf der Straße rechts am Kirchlein von Spiss vorbei hinauf nach Oberspiss. Auf dem Fahrweg, der bald rechts abzweigt, erreichen wir den Ausgangspunkt – den Beginn des Waldweges auf das Muterköpfl. Wir steigen recht steil über Wiesen hinauf, gelangen in lichten und bald in geschlossenen Wald. Noch gar nicht weit oben, stoßen wir bei einer Lichtung wieder auf den vorhin erwähnten Fahrweg. Diesen benützen wir bis zur nächsten Kehre, verlassen ihn, gehen durch den Wald und erreichen bei einer waldfreien Lichtung das Ende dieses Fahrweges. Bis zur Waldgrenze geht es wieder durch den Wald. Schräg aufwärts, immer wieder an kleinen Felsbändern vorbei, queren wir den gesamten Hang bis zum Südgrat. Bald ist das Muterköpfl erreicht. Abstieg gleich wie Aufstieg.

55 **Übergang:** Samnaun – Zeblasjoch, 2.545 m – Gampenalpe – Ischgl

Ausgangspunkt: Samnaun
Parken: im Dorf
Höhenunterschied: 1.150 m
Wanderzeit: 6 1/2 Std.
Schwierigkeitsgrad: leicht!
Einkehr: Berghotel Bodenhaus

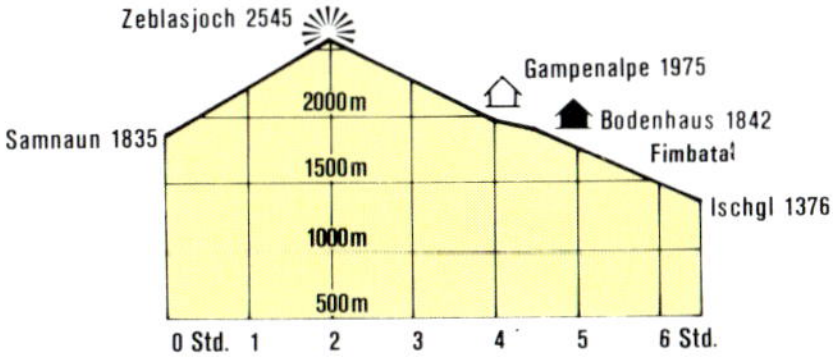

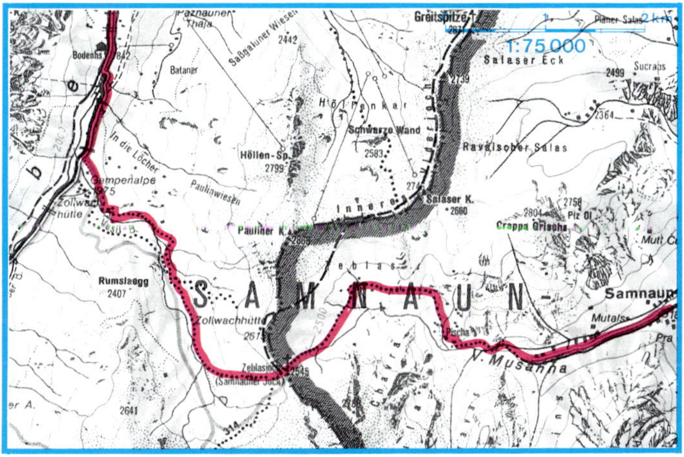

Tourenverlauf: Zuerst gehen wir auf der Hauptstraße durch den Ort und (vorbei am Fremdenverkehrsbüro) weiter Richtung Westen in das Tal des Schergenbaches. Beim Eingang ins Val Chamins gehen wir auf flachen Wiesen leicht ansteigend in Richtung Westen. In den letzten Jahren wurde ganz hinauf zum Zeblasjoch ein Fahrweg gebaut, den wir benutzen. Am Zeblasjoch wird die schweizerisch-österreichische Staatsgrenze überschritten. Auf grasigen Hängen gehen wir auf der anderen Seite mäßig steil wieder hinunter bis zum sehr flachen Talboden des oberen Vesil. An der Geländestufe, dort wo es wieder relativ steil hinunter geht, überqueren wir den Vesilbach und gehen in vielen langgezogenen Serpentinen hinab zur Gampenalpe. Die vielen kleinen Hütten dieser Alpe sind schon stark verfallen, weil auch diese bereits aufgelassen wurden. Auf dem Fahrweg gehen wir nun noch durchs vordere Fimbatal hinaus bis nach Ischgl. Es besteht allerdings die Möglichkeit, auf die Heidelberger Hütte zu gehen (Übernachtung), wenn dieser Übergang im Rahmen einer mehrtägigen Tour gemacht wird. Ab der Bodenalpe gibt es eine Fahrgelegenheit durch den Hüttenexpreß der Heidelberger Hütte nach Ischgl.

56 **Bergtour:** Samnaun – Muttler, 3.294 m

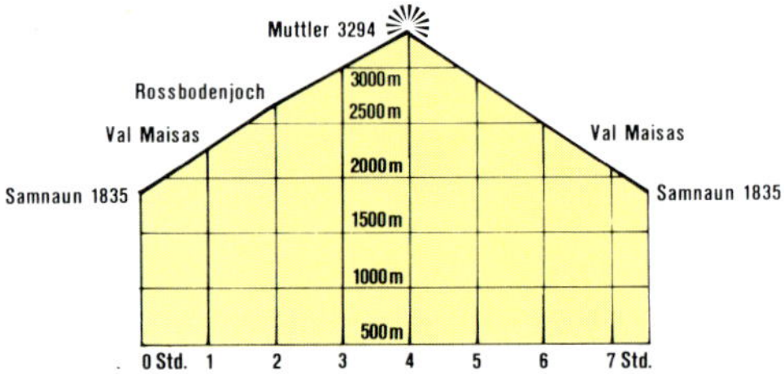

Ausgangspunkt: Samnaun
Parken: im Dorf
Höhenunterschied: 1.450 m
Wanderzeit: 7 1/2 Std.
Schwierigkeitsgrad: nur für Geübte!

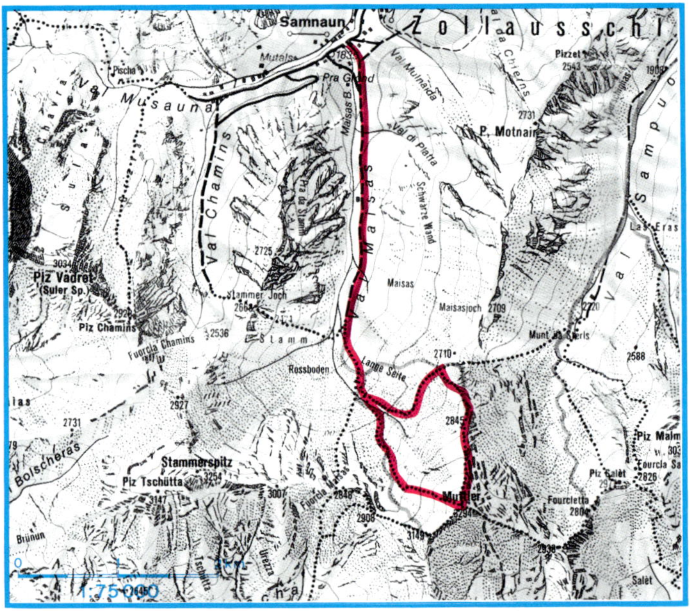

Tourenverlauf: Sind wir im Dorf Samnaun, so ist unschwer das südliche Seitental zu entdecken, dessen scheinbaren Abschluß der Muttler bildet. Vom Postamt spazieren wir wenige Meter rechts hinauf und wandern dort zwischen den Häusern nach links in das besagte Tal hinein. Auf dem breiten Fahrweg gehen wir an einer Sendeanlage vorbei – hier wird der Steig schmäler und führt taleinwärts zum Bach hinunter. Der Maisasbach wird überquert und auf dem Fahrweg auf der anderen Seite geht es weiter bis hinauf zu einer kleinen Hütte, 2.030 m. Mäßig ansteigend bringt uns ein gut markierter Weg hinein zum Roßboden, einem großen Schuttkegel zwischen Stammerspitz (rechts) und Muttler (links). Wir halten uns links (rechts zweigt der Weg zum Stammerjoch

Val Maisas mit Stammerspitze

ab) und gehen auf einem sehr steilen Weg in vielen Serpentinen hinauf zum Roßbodenjoch, 2.710 m. Vorsicht! Der Unerfahrene könnte die noch zurückzulegende Strecke (600 Höhenmeter) leicht unterschätzen und seine Kräfte falsch einteilen. Auf dem erreichten Nordgrat gehen wir nun weiter bis zum Gipfel, 3.294 m. Man hat hier wirklich eine wunderbare Aussicht.
Zu empfehlen ist derselbe Weg für den Abstieg. Der Nordwestabstieg ist vielleicht etwas schneller, aber er führt hauptsächlich über Geröll und der Steig ist im untersten Teil schwer zu finden.

57 **Bergwanderung:** Samnaun – Stammerjoch, 2.668 m – Val Maisas

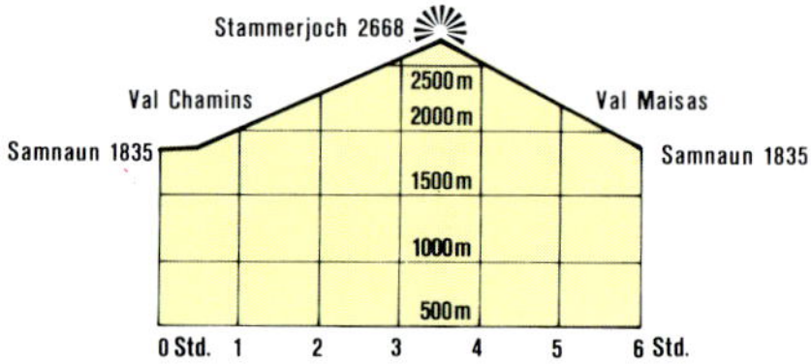

Ausgangspunkt: Samnaun
Parken: im Dorf
Höhenunterschied: 840 m
Wanderzeit: 6 Std.
Schwierigkeitsgrad: mittel!

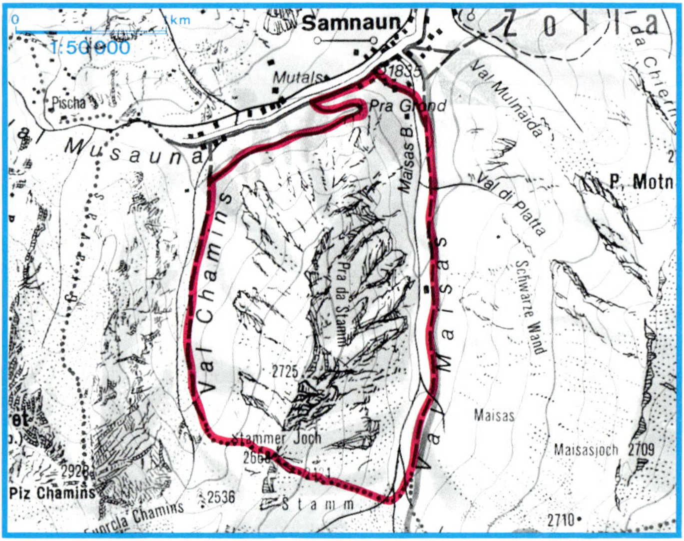

Tourenverlauf: Wenn man im Dorf Samnaun in Richtung Talschluß geht, kommt man zum letzten Haus, dem Verkehrsbüro, das für weitere Informationen gerne zur Verfügung steht. Von hier aus benützen wir geradeaus den breiten Fahrweg. Die Abzweigung ins Val Chamins ist vor der Brücke über den Chaminser Bach gut markiert (ab hier weißrotweiß); wir steigen nun zuerst im lichten Wald etwas hinauf und dann fast eben weiter. Den Wald lassen wir hinter uns, gehen auf einem für das Samnaun so typischen Grashang relativ flach ins Tal hinein. Im inneren Talbereich queren wir einige Schuttrinnen und gehen dann etwas steiler auf ein kleines Köpfchen, 2.371 m. Ab hier ist der Weg steiler und führt über Geröll in etlichen Windungen hinauf zum Stammerjoch, 2.668 m. Das Joch selbst ist sehr flach und bietet viele schöne Rastplätze mit wunderbarem Blick auf den Muttler. In weiten und langgezogenen Bögen gehen wir nun auf der anderen Seite wieder auf einem Grashang ins Val Maisas hinunter. Im untersten Bereich des Roßbodens queren wir den Maisasbach und folgen nun dem markierten Weg weiter talauswärts bis Samnaun.

Blick ins Kaunertal ▶

Kaunertal

Kaunertal

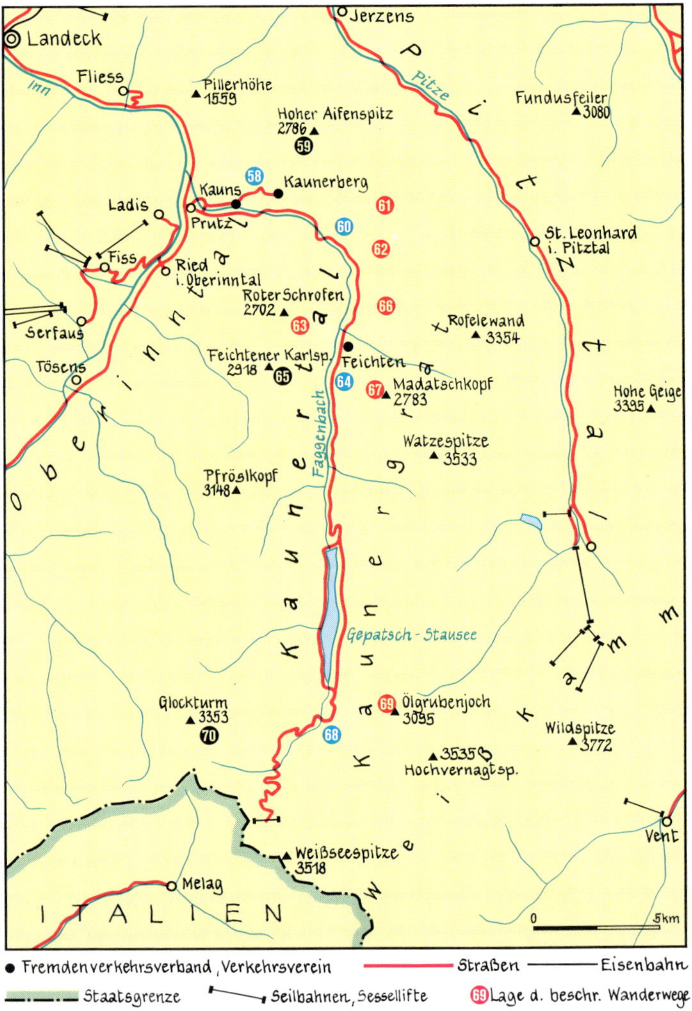

Im Zuge der bajuwarischen Landnahme im 8. Jahrhundert wurde dieser Seitenarm des Inntals besiedelt. Bereits in der Bronzezeit war der Übergang von Kauns zur Piller Höhe in das äußere Pitztal bekannt. Doch erst im Mittelalter wurden dauernd besiedelte Höfe, die Schwaigen, im hinteren Bereich des Kaunertals errichtet. Manche dieser aus dem 16. Jh. stammenden Erbhöfe stehen heute noch.

Das Kaunertal mündet bei Prutz in das Oberinntal. Es wird in seiner ganzen Länge vom Faggenbach durchflossen, der vom Gepatschferner und dem Staubecken kommend seinen Weg zwischen den Gipfeln und Graten des Glockturmkammes und das Kaunergrates gebahnt hat. Besonders der Kaunergrat ist wegen seiner Wildheit bekannt, die mit den Westalpen verglichen wird. Der Name des Tales wird vom Dörfchen Kauns am Eingang des Tales abgeleitet. Weitere Ortschaften sind der Wallfahrtsort Kaltenbrunn und weiter hinten im Tal das weitgedehnte Feichten. Früher wurde im Kaunertal und seinen Seitentälern Bergbau betrieben. Schwerpunkte waren dabei der Bereich des Fißladtales und der Bergbau »Tschlin« bei Feichten.
Die Talweitung des Andarfenbodens unterhalb des Gepatschferners und die Gefällsverhältnisse boten günstige Voraussetzung für einen Speichersee. Um das Einzugsgebiet zu vergrößern wurden der Radurschl- und Tscheybach im Westen sowie die Pitze und der Taschachbach im Osten durch Überleitungsstollen erfaßt. Der Kraftwerksstollen führt 13 km weit längs des Glockturmkammes zum zwischen Prutz und Ried liegenden Kraftwerk.
Das gesamte Einzugsgebiet beträgt 287 qkm. Die riesigen Gletscher der Ötztaler Alpen sichern einen gleichbleibenden Wasserhaushalt. Mit einer Werksleistung von max. 392.000 kW und einer jährlichen Erzeugung von 620 Millionen kWh zählt das Kaunertal-Kraftwerk zu einem der größten Speicherkraftwerke der Alpen.
Das 6 km lange Staubecken mit 138 Millionen cbm Nutzinhalt wird durch einen Steinschüttdamm mit zentralem Dichtungskern abgeschlossen. Die Dammkrone liegt rund 130 m über der Talsohle und maximal 153 m über dem Felsuntergrund. Dieser besteht an der Sperrenstelle aus Augengneis, der auf der rechten Talseite zu Tage tritt, linksseitig und in der Talmitte aber von Alluvionen überlagert ist. Der Dichtungskern des Dammes wurde durchgehend auf Fels gegründet. Die Dammkrone ist 600 m lang, Höchststau 1.767 m NN. Absenkziel bis 1.665 m NN.
Nach langjährigen Vorarbeiten und Planungen konnte im Frühjahr 1961 der Baubeschluß gefaßt werden. Zur Erschließung der Baustellen wurde vorher eine neue Fahrstraße von Prutz nach Feichten und weiter bis zur Sperrenbaustelle gebaut. Ende 1964 waren die Hauptarbeiten abgeschlossen. Die Betriebsaufnahme erfolgte planmäßig mit drei Maschinen bereits Anfang Oktober 1964; seit April 1965 sind alle fünf Maschinen in Betrieb.
Über dem Stausee bildet die stolze Weißseespitze, 3.518 m, mit dem Weißseeferner und dem Gepatschferner den eindrucksvollen Abschluß des Tales. Um der Talbevölkerung zusätzliche Einnahmequellen zu ermöglichen, wurde 1979 mit dem Bau der Straße vom Gepatsch-Stausee zum Restaurant am Weißseeferner begonnen. Der Weißseeferner wurde in der Folge als Sommerskigebiet erschlossen. Die Kaunertaler Gletscher-Panoramastraße ist mautpflichtig.

Ortsbeschreibungen:

FAGGEN

Gde., Bez. Landeck, Einw.: 250, Höhe 920 m, Postltz.: A-6522. **Auskunft:** Tourismusverband Prutz-Faggen-Fendels. Alle weiteren Angaben siehe unter Prutz.

KAUNERBERG

Gde., Bez. Landeck, Einw.: 350, Höhe 1.333 m, Postltz.: A-6522. **Auskunft:** Tourismusverband Kaunertal. Alle weiteren Angaben siehe unter Kauns und Kaunertal.

Die Gemeinde Kaunerberg besteht aus weit verstreut liegenden Weilern und Gehöften, die am Südhang des nördlichen Kaunergrats in teils exponierter Lage stehen. Lärchenbestände und Almwiesen werden von den steil aufragenden Gipfeln beherrscht.

KAUNERTAL

Gde., Bez. Landeck, Einw.: 600, Höhe 1.289 m, Postltz.: A-6524. **Auskunft:** Tourismusverband Kaunertal. **Bahnstation:** Landeck (24 km). Busverbindung mit Landeck und Feichten.

Die Gemeinde Kaunertal umfaßt die Ortsteile und Weiler Nufels, Platz, Vergötschen, Unterhäuser, Mühlbach, Feichten und Grasse. Im Gemeindegebiet liegt die Wallfahrtskirche Kaltenbrunn. Das im mittleren Talbereich gelegene Feichten ist der Sitz der Gemeinde. Sein Name ist von den umgebenden Fichtenwäldern abgeleitet. Kaltenbrunn liegt 5 km nördlich von Feichten auf der rechten Seite des Faggenbaches. Kaltenbrunn ist ein alter Wallfahrtsort. 1272 soll der Ritter von Schenkenberg hierher gekommen sein, um als Einsiedler für einen Mord zu büßen; 1285 wird »Caltenbrunn« urkundlich erwähnt; die geschnitzte Madonnenstatue stammt aus der Zeit um 1350.

Sehenswert

Pfarrkirche zur Hl. Dreifaltigkeit in Feichten, erbaut 1789–1792. – Das **Talmuseum Kaunertal** (Alpinismus, Bergbau, Flachs- und Wollbearbeitung, häuslicher Hausrat). – **Pfarrkirche Mariä Himmelfahrt** in Kaltenbrunn, erstmals erwähnt 1285, gotischer Neubau Ende des 15. Jh.s mit Unterstützung Herzog Sigismund des Münzreichen, Inneres in der 1. Hälfte des 18. Jh.s barockisiert; Gnadenkapelle von 1714 mit Schnitzstatue der Muttergottes von 1400. – **Kapelle in Nufles,** 17. Jh. – **Kapelle zum hl. Martin** in Vergötschen, 1653. – Der **Stausee Gepatsch** mit dem Blick auf die **Weißseespitze,** 3.518 m.

KAUNS

Gde., Bez. Landeck, Einw.: 400, Höhe 1.054 m, Postltz.: A-6522. **Auskunft:** Tourismusverband Kauns. **Bahnstation:** Landeck (15 km). Busverbindung mit Landeck und Feichten.

Kauns liegt am Sonnenhang des hier beginnenden Kaunertals hoch über dem Faggenbach. Durch diese Lage genießt Kauns den Vorteil einer täglich lang dauernden Sonnenbestrahlung und einer weiten Sicht über den Talkessel von Prutz. Etwas östlich des Ortes liegt die Burg Bernegg, die der Kaiser Maximilian I. gerne zur Gemsenjagd aufsuchte.

Sehenswert

Pfarrkirche zum hl. Jakob, Ende des 19. Jh. umgestaltet – **Burg Bernegg,** erbaut Anfang 13. Jh., erneuert 1437, nun in Privatbesitz und teilweise renoviert.

Wanderungen und Bergtouren im Kaunertal

58 **Wanderung:** Kaunerberg – Schnadinger Weiher, 1.620 m

Ausgangspunkt: Kaunerberg
Parken: in Falpaus
Höhenunterschied: 200 m
Wanderzeit: 3 1/2 Std.
Schwierigkeitsgrad: leicht!

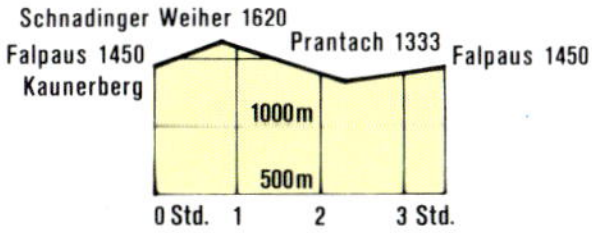

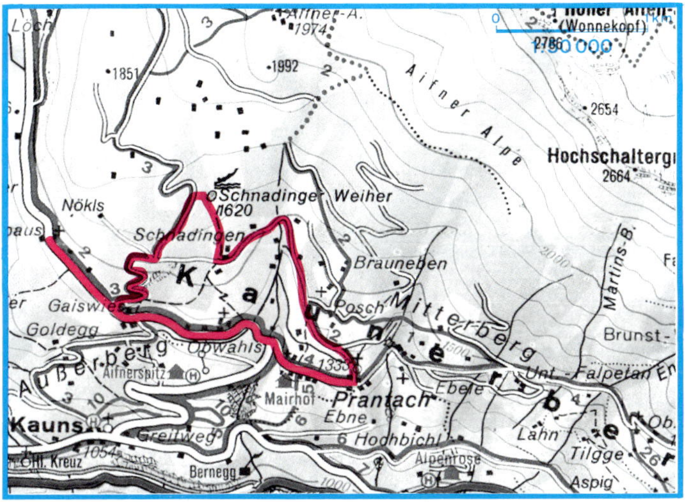

Tourenverlauf: Wir gehen den Fahrweg entlang, der gleich rechts der Kapelle in den Wald hinein abzweigt. Es ist allerdings nicht notwendig, die zahlreichen Kehren in voller Länge auszugehen; man kann diese ohne Schwierigkeiten durch den Wald abkürzen. Nach etwa 3/4 Stunden erreichen wir, nach einem kurzen Stück Waldweg (ein Wegweiser macht uns rechtzeitig darauf aufmerksam), den Schnadinger Weiher. Dieser wurde im Rahmen eines Bewässerungsprogrammes für den Kaunerberg in den 50er Jahren künstlich angelegt und dient heute vielfach als Badeteich (sehr kalt!).
Wir gehen über den Damm und zweigen am anderen Ende rechts ab. Über Wiesen hinabgehend erreicht man Schnadingen (Ortsteil der Gemeinde Kaunerberg). Ein recht breiter Weg führt uns an den Südhängen der Aifner Alpe in die Rinne des Schloßbaches. Diesen überqueren wir und treffen bald wieder auf einen Forstweg. Leicht gelangen wir hinab nach Prantach. Dort geht es rechts weiter – ein ebener Fahrweg. Auf einer asphaltierten Straße gelangt man leicht zum Ausgangspunkt (gut beschildert).

59 **Bergtour:** Kaunerberg – Aifnerspitz, 2.566 m – Hohe Aifnerspitz (Wonnekopf), 2.786 m

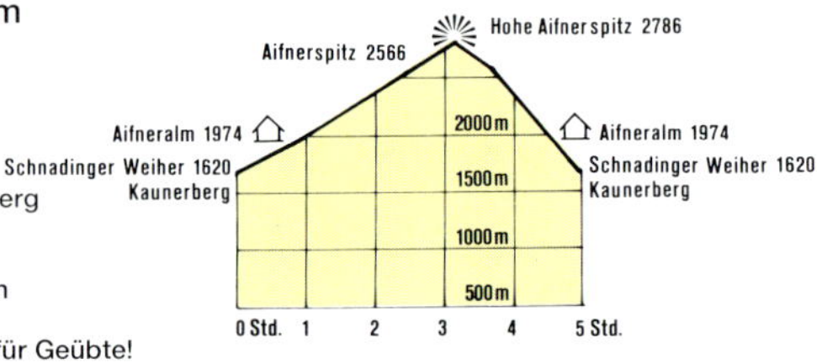

Ausgangspunkt: Kaunerberg
Parken: oberhalb des Schnadinger Weihers
Höhenunterschied: 960 m
Wanderzeit: 5 Std.
Schwierigkeitsgrad: nur für Geübte!

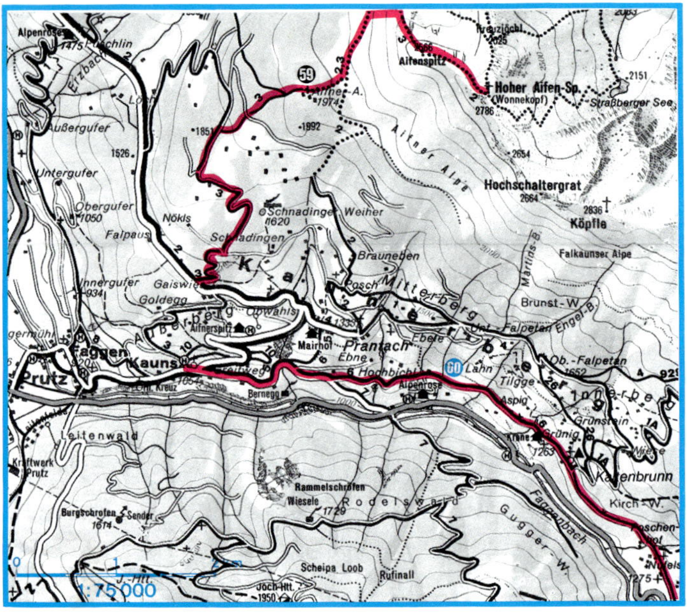

Tourenverlauf: Zum Ausgangspunkt gelangt man mit dem Pkw von der Kaunerbergstraße über einen Güterweg, indem man bei einer Kapelle (Hinweisschild – Schnadinger Weiher) rechts scharf abzweigt. In einigen Kehren hinauf und vorbei am besagten Weiher (Bademöglichkeit) erreicht man bald den Ausgangspunkt – er befindet sich knapp hinter den schönen, flachen Wiesen. Mäßig ansteigend gehen wir ab hier durch den Wald, kreuzen einen Güterweg, treffen auf zwei schöne Lichtungen und erreichen schließlich die Aifneralm, 1.974 m. Eine gute Steiganlage bringt uns allmählich ansteigend hinauf zum Grat. Von hier haben wir bereits eine wunderbare Aussicht auf den Talkessel von Prutz, ins Obere Gericht und sogar nach Landeck. Auf dem nicht sehr steilen Grat gelangen wir zum Aifnerspitz, 2.566 m (Gipfelkreuz). Wir gehen anschließend am Grat weiter, ein kleines Stück abwärts, danach

Blick von Kaunerberg aus auf Ladis

steiler hinauf und wir haben das Hauptziel, die Hohe Aifnerspitz, 2.786 m, erreicht. Der Blick ins Obere Gericht, Kaunertal, Imst ist einzigartig und belohnt für die Mühen. Abstieg gleich wie Aufstieg.

60 **Wanderung:** Kauns – Kaltenbrunn – Nufels – Platz

Ausgangspunkt: Kauns
Parken: im Dorf
Höhenunterschied: 200 m
Wanderzeit: 2½ Std.
Schwierigkeitsgrad: leicht!
Einkehr: mehrere Möglichkeiten entlang des Weges
Karte: siehe Seite 104

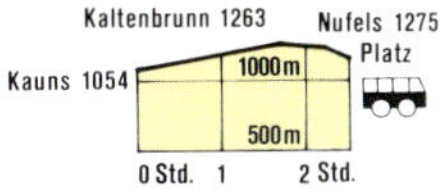

Tourenverlauf: Vom Dorfplatz aus gehen wir ostwärts auf der asphaltierten Straße und passieren nach einigen Minuten die Burg Bernegg. Weiter auf der Straße überqueren wir den Mairhofer Bach und zweigen bei einem Wegkreuz links ab. Es geht hinauf zu einem Bildstöckl und weiter über eine kleine Brücke über den Mühlbach. Auf flacher Wegstrecke geht es nun in Richtung Südost nach Kaltenbrunn über zahlreiche Rinnen und vorbei an etlichen Wallfahrtsbildstöcken. Kaltenbrunn, 1.263 m, die älteste Wallfahrtskirche Tirols (erste Erwähnung bereits 1285) und eine der bekanntesten Österreichs, liegt inmitten einer Lichtung, von der aus man gut nach Ladis hinübersieht.
Auf dem neuen Weg nach Kaltenbrunn setzen wir in südöstlicher Richtung den Weg nach Nufels und weiter, hinab zur Kaunertaler Landesstraße, bis nach Platz fort (Anhöhe auf der anderen Seite des Faggenbaches). Nach dieser Wanderung empfiehlt sich die Rückfahrt mit dem Autobus. **(Tip:** Vorher wegen der Abfahrtszeiten erkundigen!)

61 **Bergtour:** Nufels – Falkaunsalm, 1.963 m – Falkaunsjoch (Niederjoch), 2.753 m

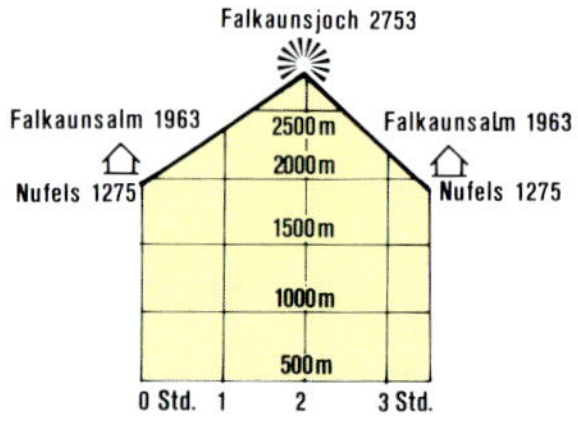

Ausgangspunkt: Nufels
Parken: Falkaunsalm
Höhenunterschied: 800 m
Wanderzeit: 3 1/2 Std.
Schwierigkeitsgrad: mittel!
Karte: siehe Seite 107

Tourenverlauf: Kurz vor Kaltenbrunn zweigt auf der rechten Seite ein Fahrweg ab, der eine Auffahrt zur Falkaunsalm mit dem Auto ermöglicht. Der Weg ist etwas holprig und der Hinweis, daß darauf gefahren werden kann, sollte nur als Alternative verstanden werden. Von der Alm aus führt der Fahrweg noch ein Stück weiter, wird aber allmählich schmäler und steiler. Weiter geht es auf einem Steig, der einen Grashügel umgeht. Dahinter, etwas oberhalb vom Roßboden, quert man den Hang und gelangt in genau nördlicher Richtung zum Falkaunsjoch. Etwa in 2.600 m Höhe betritt man ein Blockfeld – über dieses ist der Aufstieg etwas mühsamer. Wenige Gehminuten hinter dem Joch (ein Stückchen hinauf) befinden sich zwei wunderbare kalte Bergseen – beim Baden würden sich allerdings nur die wenigsten wohlfühlen. Abstieg gleich wie Aufstieg.

62 **Wanderung:** Nufels – Gallruttalm, 1.851 m – Griesboden, 2.400 m

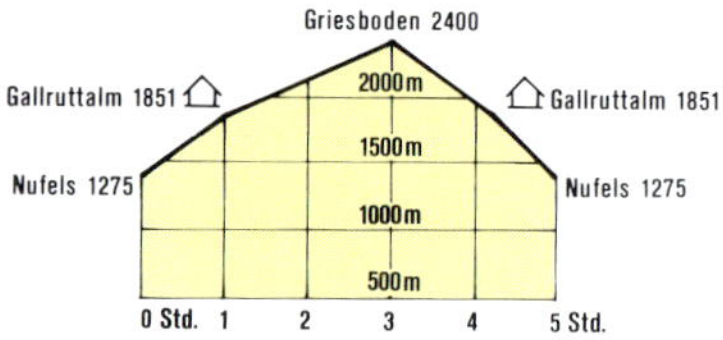

Ausgangspunkt: Nufels
Parken: bei der 4. Kehre – Fahrweg zu den Wiesenhöfen
Höhenunterschied: 1.000 m
Wanderzeit: 5 Std.
Schwierigkeitsgrad: mittel!
Karte: siehe Seite 107

Tourenverlauf: Knapp bevor man auf der asphaltierten Straße zur Wallfahrtskirche Kaltenbrunn kommt, geht rechts der Fahrweg zu den Wiesenhöfen ab. Bei der 4. Kehre (es besteht Parkmöglichkeit) zweigt abermals rechts der Fußweg zur Gallruttalm ab. Mäßig steil geht es zuerst hinauf, wobei man weiter in den Talgrund hineinkommt. Neben dem Bach führt nun der Steig sehr steil hinauf bis zu einer Zaunlücke der Alm. Über diese Alm hinauf ist es nicht mehr so steil, trotzdem aber recht anstrengend. Der markierte Weg 929 führt an zwei Bewässerungsfassungen und an den Almhütten vorbei. Etwa 100 m über diesen Hütten zweigt ein Weg rechts ab, auf dem man zum Griesboden gelangt. Dieser flache Bereich im steilen Gallruttal bietet zahlreiche Möglichkeiten zum Rasten und ist für Kinder ein wahres Spielparadies. Die Aussicht von hier oben ist sehr gut. Man sieht talauswärts bis Ladis und Landeck.

63 **Bergtour:** Feichten – Mittagskopf, 2.616 m – Roter Schrofen, 2.702 m

Ausgangspunkt: Vergötschen
Parken: Langetsbergalm
Höhenunterschied: 800 m
Wanderzeit: 4 Std.
Schwierigkeitsgrad: mittel!

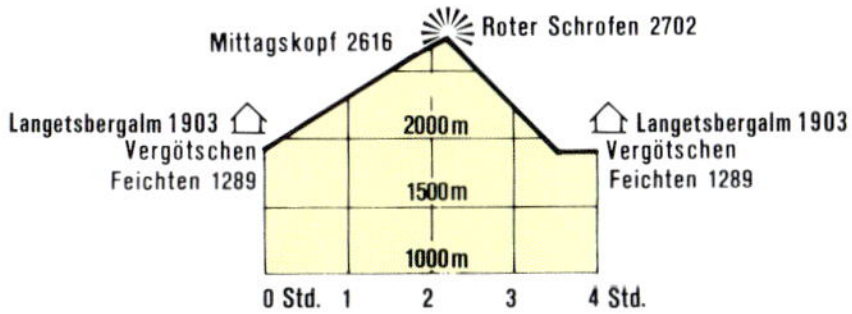

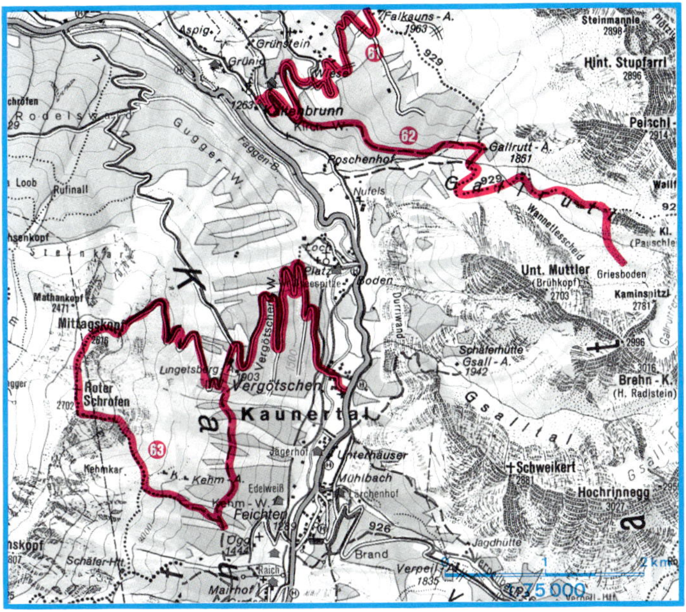

Tourenverlauf: Anzuraten ist in diesem Fall mit dem Auto bis zur Langetsbergalm, 1.903 m, hinauf zu fahren – sie sparen sich damit einen relativ monotonen und ermüdenden Anmarsch auf einem Fahrweg. Derselbe Weg setzt sich oberhalb der Alm fort und bringt uns hinauf bis auf eine Höhe von 2.280 m. Es zweigt nun ein schmaler Steig links ab. Auf ihm gelangen wir in wenig steilem Aufstieg bald zum Mittagskopf, 2.616 m. Es befinden sich dort mehrere Steinmännchen, die höchste Erhebung wird durch das größte Steinmännchen gekennzeichnet. Auf einem gut markierten Weg wandern wir nun in Richtung Roter Schrofen, 2.702 m. Für dieses nicht ganz ungefährliche Stück (vor allem mit Kindern) braucht man 1/2 Stunde. Eine wunderbare Aussicht aufs Kaunertal, das Obere Inntal und auf den Kaunergrat erwartet uns dort. Ein steiler Pfad führt nun, gut markiert, hinab auf die Kehmalpe. Markierungen weisen auf den von Feichten kommenden Weg hin – wir gehen aber weiter in nördlicher Richtung und erreichen nach leichter Wanderung auf ebenem Wald- und Almboden wieder die Langetsbergalm.

64 **Wanderung:** Feichten – Wasserfall

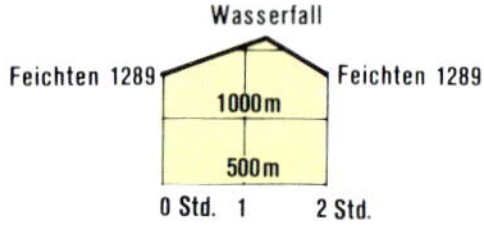

Ausgangspunkt: Feichten
Parken: Parkplatz beim Hallenbad in Feichten
Höhenunterschied: 300 m
Wanderzeit: 2 Std.
Schwierigkeitsgrad: leicht!
Karte: siehe unten!

Tourenverlauf: Vom Parkplatz des Hallenbades gehen wir ein Stück südlich, um beim Gasthof Edelweiß auf einer Brücke über den Faggenbach zu wechseln. Auf einem Waldfahrweg erreichen wir das Gehöft Ögg. Vom großen Kreuz, das über dem Abhang steht, hat man eine überraschend gute Aussicht auf das ganze Tal. Ein kleines Stück weiter südwärts führt ein leicht ansteigender Weg über Wiesen und, etwas später, ein steiler Waldweg hinauf zum Wanderweg Nr. 7. Auf diesem gelangt man eben zu einigen Sitzbänken, von denen man einen herrlichen Blick zum Wasserfall hat.
In zahlreichen Serpentinen führt der Weg wieder talwärts durch lichten Wald; man erreicht nach kurzer Gehzeit den Mairhof, einen alten, einzelstehenden Hof über dem Ortsteil Grasse. Auf der Straße kommen wir zu einer Brücke über den Faggenbach. Nach kurzer Gehzeit entlang der Hauptstraße kehren wir zurück zum Hallenbad.

65 **Bergwanderung:** Feichten – Hahntennehütte, 2.120 m – Feichtener Karlspitze, 2.918 m

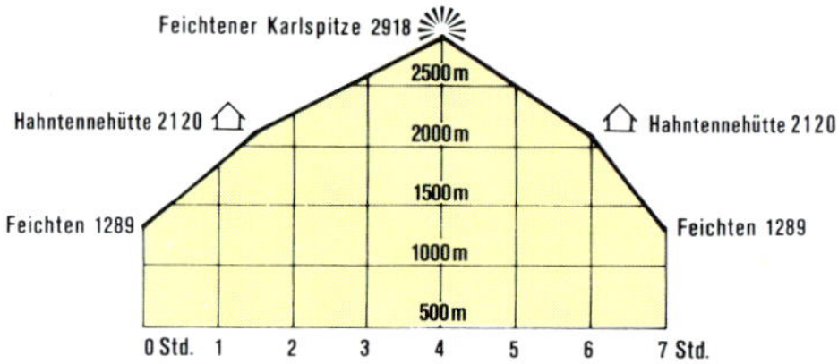

Ausgangspunkt: Feichten
Parken: in Grasse – gleich hinter der Brücke
Höhenunterschied: 1.630 m
Wanderzeit: 7 Std.
Schwierigkeitsgrad: nur für Geübte!

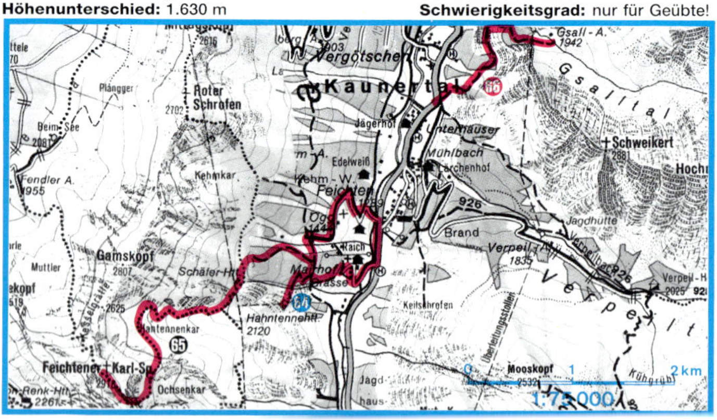

Tourenverlauf: Von der Brücke geht eine Fahrstraße noch ein Stück hinauf bis zum Mairhof. Unmittelbar hinter diesem alten Bauernhof führt rechts ein gut markierter Steig hinauf. Angesichts des schönen Wasserfalles kommt man zu einigen Sitzbänken. Ab hier geht der Weg flach hinüber bis zu einer Wegkreuzung. Dort beginnt ein steiler Weg, der recht mühsam zu begehen ist. Nach 3/4 Stunden Gehzeit tritt man aus dem Wald heraus und hat direkten Blick auf den Gamskopf (rechts) und die Feichtener Karlspitze (links). Unterhalb der Karlspitze sieht man den flachen Rücken auf dem die Hahntennehütte steht. Auf dem folgenden Wegstück geht man mäßig aufwärts das Frauenstal aus und gelangt bald auf den besagten flachen Rücken.
Die Hahntennehütte ist eine kleine Hirtenhütte und für die Öffentlichkeit nicht nutzbar. Reizvoll an dieser Wanderung ist aber nicht die Hütte sondern der Blick hinunter ins Kaunertal und die umliegenden Berge. Besonders lohnt sich ein Aufstieg zeitig in der Früh, denn da kann man, wenn man sich ruhig verhält, Rehe und manchmal Gemsen sehen. Etwas oberhalb der Hahntennehütte beginnt ein recht steiler Grat, der bis unterhalb der Karlspitze hinaufzieht. Es besteht allerdings nur eine unmarkierte Pfadspur, die aber recht gut zu erkennen ist. Schwierigeren Stellen kann man leicht ausweichen – Trittsicherheit und Schwindelfreiheit sind aber neben guter Ausrüstung Voraussetzung. Vor dem Gipfelaufbau der Karlspitze weitet sich der Grat in eine breite Schutthalde, über die man am besten ganz links hinaufgeht. Nach einer Steilstufe und einem mäßig steilen Schuttfeld kommt man zum eigentlichen Gipfelaufbau. In leichter Kletterei gelangt man am Grat zum Gipfel. Abstieg wie Aufstieg.

66 **Wanderung:** Feichten – Gsallalm, 1.942 m

Ausgangspunkt: Feichten
Parken: in Unterhäuser
Höhenunterschied: 650 m
Wanderzeit: 4 1/2 Std.
Schwierigkeitsgrad: mittel!
Karte: siehe Seite 108

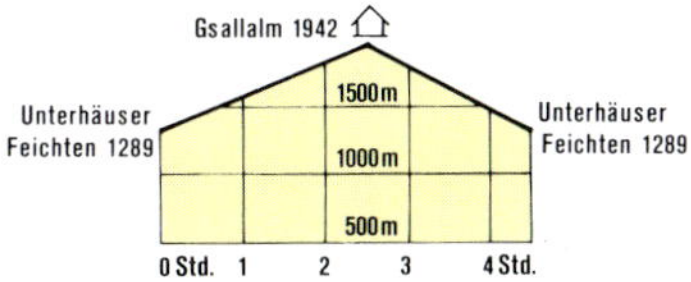

Tourenverlauf: Knapp oberhalb der Straße gehen wir durch ein Gatter und bei der Weggabelung nach links (Wegweiser: Schäferhütte). Bald kommen wir in den Wald und treffen wieder auf einen Wegweiser und hier biegen wir nach rechts ab. Der schmale aber recht steile Weg (Nr. 6) ist gut markiert und führt in mehreren Serpentinen aufwärts. Ein Stück weiter oben wird es flacher, teilweise sogar fast eben. Der Steig wendet sich gegen NO und N und man gelangt zur Rast, einem herrlichen Aussichtspunkt. Hier wird der Weg sehr steil und windet sich in vielen Serpentinen hinauf zur Gsallalm (Schäferhütte). Oben auf dem Almboden ist es etwas flacher, ringsum ragen steile Hänge bis 3.000 m empor. Der hintere Almbereich ist waldlos und karg. Trotzdem ist das Gsalltal ein Höhepunkt für Wanderer bei einem Aufenthalt in dieser Gegend, vor allem wegen der Einsamkeit und Ruhe.

67 **Bergtour:** Feichten – Verpeilhütte, 2.025 m – Madatschkopf, 2.783 m

Ausgangspunkt: Feichten
Parken: Parkplatz beim Hallenbad in Feichten
Höhenunterschied: 1.500 m
Wanderzeit: 6 Std.
Schwierigkeitsgrad: mittel!
Einkehr: Verpeilhütte

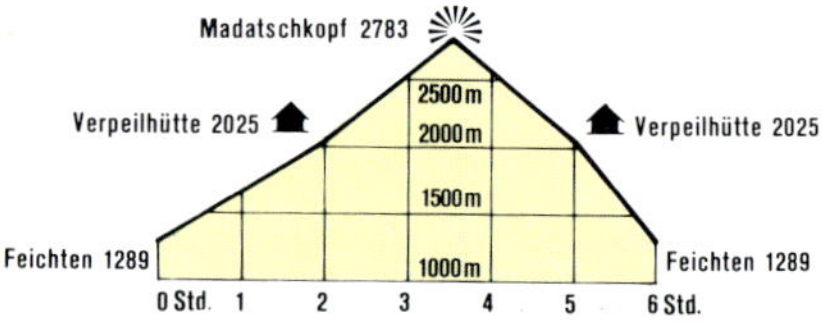

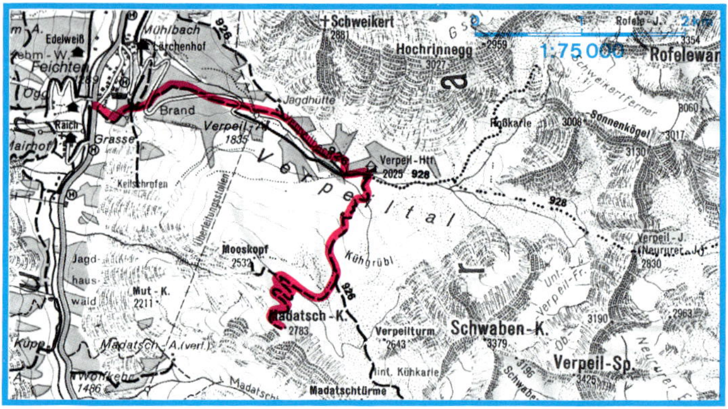

Tourenverlauf: Wir starten beim Hallenbad, weil dort die beste Parkmöglichkeit besteht. Durch das Dorf gehend (an der Kirche vorbei) treffen wir nach etwa 10 Minuten am anderen Ende des Dorfes den Steig hinauf zur Verpeilhütte (Tafel: Abkürzung zur Verpeilhütte). Auf den Fahrweg treffend gehen wir die erste Kehre dort aus, verlassen ihn aber wieder etwa 100 m weiter oben. Der markierte Steig führt nun steil durch den Wald, kreuzt einmal den Fahrweg, geht dann etwas flacher taleinwärts bis zur Verpeilalpe. Von hier aus gehen wir am Karrenweg entlang, der mäßig ansteigend bis zur Verpeilhütte führt. Die Verpeilhütte, 2.025 m, ist ein kleiner Alpinstützpunkt, der sich auf einem wunderschönen Talboden befindet. Zum Madatschkopf geht es nun links hinauf weiter (über den Bach: Hinweisschild – Gehzeit ca. 1½–2 Stunden). Auf diesem Weg steigen wir hinauf bis 2.330 m, zweigen rechts ab und benützen den gut markierten Weg. In einer Höhe von etwa 2.420 m zweigt dieser zum Madatschkopf links ab und bringt uns nicht besonders schwierig zum Gipfel. Abstieg gleich wie Aufstieg.

68 **Wanderung:** Gepatschhaus, 1.928 m – Fernergarten

Ausgangspunkt: Gepatschhaus
Parken: Gepatschhaus
Höhenunterschied: 200 m
Wanderzeit: 1½ Std.
Schwierigkeitsgrad: leicht!
Einkehr: Gepatschhaus
Karte: Siehe Seite 111

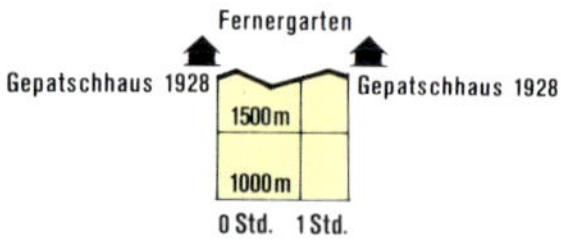

Tourenverlauf: Wir gehen vom Gepatschhaus der Gletscherstraße entlang über einen kleinen Rücken weiter in den Talgrund hinein. Kurz vor der Brücke über den Gepatschbach (Kehre der Gletscherstraße) zweigen wir links ab und gehen an einem Kfz-Abstellplatz vorbei. Eine kleine Brücke erleichtert uns die Wanderung taleinwärts auf dem schottrigen Boden. Bald erfolgt ein leichter Anstieg auf dem gut markierten Weg auf einen abgeschliffenen »Felsbuckel«. Von hier haben wir bereits einen sehr schönen Blick auf die Zunge des Gepatschferners. Auf dem eher schmalen Pfad steigen wir in Richtung Gletscher hinab. Das Bild wird immer imposanter, denn bald eröffnet sich der Blick auf das gewaltige Gletschertor. Es ist für diese Wanderung von Vorteil, etwas Wärmeres zum Anziehen mitzunehmen. Der Weg reicht direkt ans Gletschereis heran. Vor einer Besteigung des Eises muß allerdings abgeraten, ja es muß davor gewarnt werden, denn es gehört die richtige Ausrüstung und viel Erfahrung dazu! Rückweg gleich wie Aufstieg.

69 **Bergtour:** Gepatschhaus, 1.928 m – Ölgrubenjoch, 3.095 m

Ausgangspunkt: Gepatschhaus
Parken: Gepatschhaus
Höhenunterschied: 1.125 m
Wanderzeit: 4 1/2 Std.
Schwierigkeitsgrad: mittel!
Einkehr: Gepatschhaus

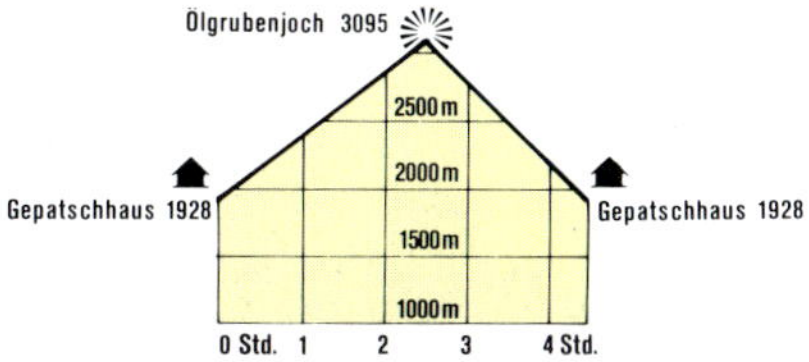

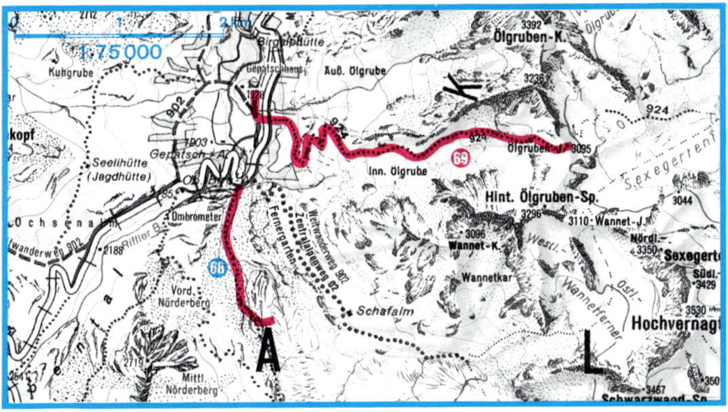

Tourenverlauf: Kurz hinter dem Gepatschhaus führt ein Steig (AV-Weg Nr. 924 und Markierung 31) links aufwärts. Zuerst ist er eher flach, kreuzt den Ölgrubenbach, danach wird er steil und zieht in langen Serpentinen bis ca. 2.400 m hinauf. Mäßig steil führt er nun oben weiter auf grasigen Hängen. Wirklich sehenswert sind die Endmoränen und die Ufermoränen eines älteren Vorstoßes des Hinteren Ölgrubenferners und der weiter ins Tal führende Blockgletscher. Dieser ist durch die scharfe Abgrenzung zum bewachsenen Boden gut zu erkennen und absolut sehenswert. Weiter oben, nach Überwindung einer

Steilstufe, treten wir auf die Ufermoräne des Gletschers und gehen auf ebenem Weg direkt auf das Joch zu. Doch bald wendet sich der Steig links durch eine Block- und Geröllhalde. Haben wir diesen steileren Teil hinter uns, geht es flach auf das Joch zu. Vom Kreuz (eigentlicher Übergang) eröffnet sich uns ein wunderbarer Blick auf die Berge der zentralen Ötztaler Alpen (Wildspitze, Brochkogel, Taschachhaus). Abstieg gleich wie Aufstieg. (Für erfahrene und gut ausgerüstete Wanderer bietet sich der Abstieg zum Taschachhaus an – **Vorsicht:** Erster Wegteil vergletschert!)

Sexegertenferner vom Ölgrubenjoch (Wildspitze in Wolken)

70 Bergtour (Zweitagestour): Prutz – Kaunertal Gletscherstraße – Gepatschhaus, 1.928 m – Glockturm, 3.353 m – Hohenzollernhaus, 2.123 m – Pfunds

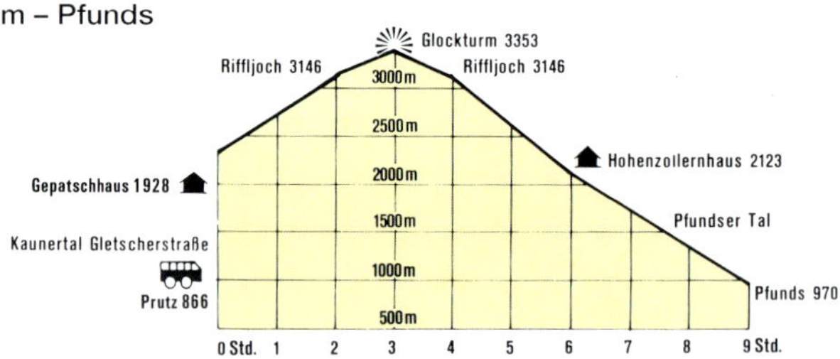

Ausgangspunkt: Prutz
Parken: im Ort
Höhenunterschied: 2.380 m

Wanderzeit: 8–9 Std. – aufgeteilt auf 2 Tage
Schwierigkeitsgrad: nur für Geübte!
Einkehr: Gepatschhaus, Hohenzollernhaus

Tourenverlauf: Da es sich hier um eine Tour von Tal zu Tal handelt, benützen wir von Prutz aus den Autobus, der uns auf der Kaunertal

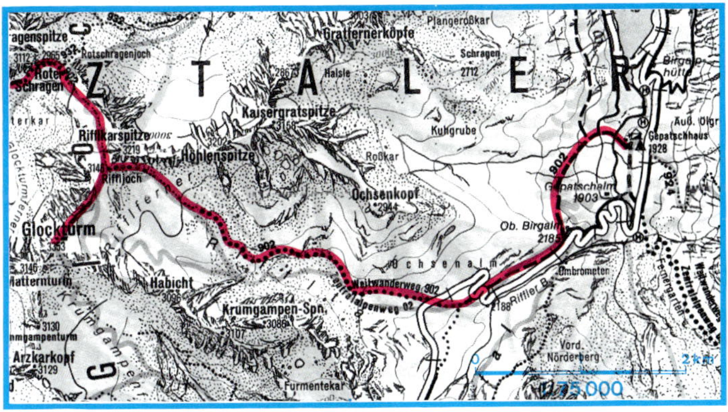

Gletscherstraße bis zum Gepatschhaus führt. Von dort aus nehmen wir den AV-Weg 902 (Zentralalpenweg 02), der und westwärts führt. Man steigt über den Gufel in das Rifflkar und sieht zum ersten Mal den Glockturm vor sich. Weiter geht es auf das Riffljoch, 3.149 m. Über einen kurzen Gletscherquergang – gute Ausrüstung und Vorsicht notwendig – und den steilen Gipfelanstieg erreicht man den 3.353 m hohen Glockturm. Dieser Berg gehört für einen Wanderer mit zu den schönsten Bergen dieser Gegend mit fast nicht zu übertreffender Fernsicht.

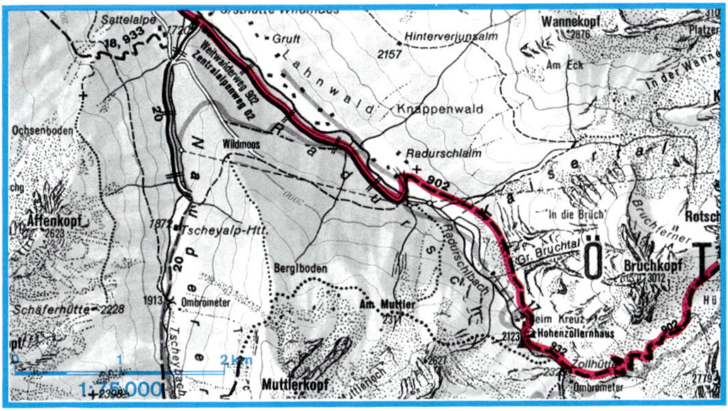

Wir gehen auf das Riffljoch zurück und westwärts weiter zum Hohenzollernhaus (Übernachtung). Der zweite Tag ist sicher weitaus weniger interessant, denn es steht ein langer, aber nicht sonderlich anstrengender Marsch auf einem Fahrweg durch das Radurschl- und Pfundser Tal nach Pfunds bevor. Bei entsprechender Kondition kann die gesamte Tour in einem Tag gemacht werden. Mit dem Autobus fahren wir von Pfunds zum Ausgangspunkt nach Prutz zurück.

Höhenwege

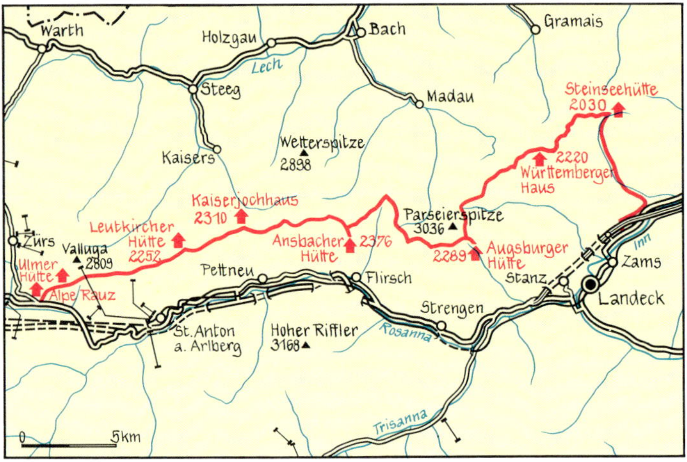

Lechtaler Höhenweg

Der gesamte Lechtaler Höhenweg beginnt eigentlich in der Gegend Zürs/Lech und führt über die Stuttgarter Hütte an der Nordgrenze des Bezirkes Landeck entlang, bis zur Lorealhütte im Fernpaßgebiet. Um diesen gesamten Höhenweg zu begehen, rechnet man mindestens 10 Tage; das Problem dabei ist aber nicht der Zeitaufwand, sondern die enormen Ansprüche an die Kondition.

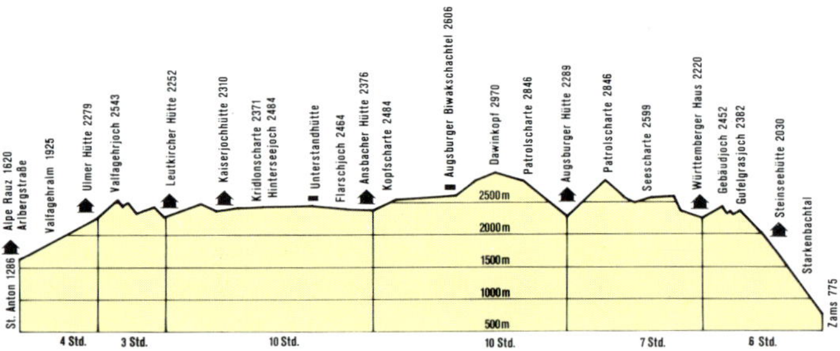

1. Tag:

St. Anton, 1.286 m – Alpe Rauz, 1.620 m – Ulmer Hütte, 2.279 m: Von der Alpe Rauz (an der Arlbergstraße) in 1.620 m Höhe gehen wir unter der Stromleitung durch und halten uns beim Aufstieg stets ein Stück südlich bzw. östlich des Baches. Nach Überwindung eines steileren Stückes gelangen wir zur Valfagehralm, 1.925 m, die diesem kleinen Tal den Namen gegeben hat. Dahinter wird es etwas flacher und

◀◀ *Eisenspitze, 2.859 m, in den Lechtaler Alpen, oberhalb von Strengen*

wir ziehen durch die Gande zum hinteren Ende des Tales hinein. Im Valfagehrkar weichen wir etwas nach Südosten ab und gelangen zur Ulmer Hütte. Gehzeit 2 Stunden, auch mit Kindern gänzlich unproblematisch.

2. Tag:
Ulmer Hütte – Leutkircher Hütte, 2.252 m:
Wegen der Schönheit dieses Teilstückes wurde es bereits in den Wanderungen 2 und 3 beschrieben. Gehzeit 3½ bis 4 Stunden, mittlerer Schwierigkeitsgrad, mit Kindern Vorsicht, Trittsicherheit und Schwindelfreiheit notwendig.

3. Tag:
Leutkircher Hütte – Kaiserjochhaus, 2.310 m – Ansbacher Hütte, 2.376 m:
Wegen der guten Gangbarkeit und der Schönheit des Gebietes wurde der erste Teil bis zum Kaiserjochhaus bereits in Wanderung 10 beschrieben.
Von der Hütte steigen wir ostwärts ein kleines Stück auf und queren die Kalkschuttfelder im Kar zwischen Grießkopf und Kreuzkopf. Unterhalb des Kreuzkopfes kommen wir wieder auf grasbewachsene Hänge und gelangen bald auf die Kridlonscharte, 2.371 m. Der E 4-alpin, auf dem wir gehen, wendet sich kurz auf die Nordseite des Hauptkammes. Ab dem Hinterseejoch, 2.484 m, steigen wir in vielen Kehren hinab nach Süden in Richtung Roßböden und Verborgene Pleis. Das darauffolgende Wegstück (Th.-Haas-Weg) erfordert einige Bergerfahrung und Trittsicherheit. Der Weg ist zwar mit Drahtseilen abgesichert, es müssen aber einige unangenehme Schutt- und Steinschlagrinnen gequert werden.
Vom Alperschonjoch zieht der Weg hart am Grat entlang zum Flarschjoch, 2.464 m, und von dort auf Grashängen hinunter zur Ansbacher Hütte. Gehzeit ca. 6½ Stunden, mittel! Trittsicherheit, Schwindelfreiheit, gute Ausrüstung und Erfahrung notwendig – mit Kindern eher abzuraten!

4. Tag:
Ansbacher Hütte – Augsburger Hütte, 2.298 m:
Diese Etappe ist das Herzstück des Lechtaler Höhenweges, der längste und schwierigste (gefährlichste) Abschnitt. Gerade hier ist es wichtig, vor Antritt der Tour mit den Hüttenwirten den Wegzustand und das kommende Wetter zu besprechen.
Von der Hütte nordwärts steigen wir bald zur Kopfscharte, 2.484 m, und nach Überwindung einer Schutthalde zum Winterjoch, 2.528 m hinauf. Dort teilt sich der Weg – wir halten uns rechts auf dem AV-Weg 633. Dieser führt uns in den Südabstürzen des Hauptkammes entlang. Nach dieser nicht unproblematischen Querung kommen wir auf die Parseierscharte, 2.602 m, wo eine Biwakschachtel für 4 Personen aufgebaut wurde. Nun steigen wir in die Nordabstürze ein – der absolut gefährlichste Teil; durch die geringe Sonneneinstrahlung und durch Frost ist dieser Teil oft vereist bzw. sind die Drahtversicherungen nicht

Lechtaler Alpen

immer ganz zuverlässig. Ab der Dawinscharte, 2.650 m, gehen wir direkt am Grat ziemlich steil aufwärts. Der Weg ist relativ ausgesetzt und erfordert Schwindelfreiheit. Vom Dawinkopf, 2.970 m, dem zweithöchsten Gipfel der Lechtaler Alpen, hat man eine vortreffliche Fernsicht. Zuerst am Grat weiter queren wir schließlich unterhalb der Bocksgartenspitze hinüber zum Grinner Ferner. Über die Gasillschlucht (gut markiert und versichert) und einen schönen Steig erreichen wir die Augsburger Hütte. Gehzeit je nach Verhältnissen 8 bis 10 Stunden, schwierig! Nur für geübte Bergsteiger mit entsprechender Ausrüstung (Seil, Eispickel, Steigeisen).

5. Tag:
Augsburger Hütte – Württemberger Haus, 2.220 m:
Da die Augsburger Hütte etwas »abseits« liegt, ist in der Früh bereits ein Anstieg von 600 Höhenmetern notwendig (vgl. Wanderung 33). In steilem Abstieg gehen wir hinab zum Grinnerferner (dieser wird gequert) und folgen der guten Steiganlage des Spiehlerweges. Dabei steigt man auf der anderen Seite des Patrolkares zur Wegscharte hinauf und von dort hinab zu den Seewiseen. Auf dem E 4 erklimmen wir die Seescharte, 2.599 m, gehen in einem Kar zum Großbergkopf, 2.612 m und hinab ins Obere Medriol. Unter der Schieferspitze vorbei erreichen wir das Württemberger Haus. Gehzeit 7 Stunden, mittel bis schwer; nur für erfahrene Wanderer mit guter Ausrüstung (Eispickel).

6. Tag:
Württemberger Haus – Steinseehütte, 2.030 m – Zams, 775 m:
Wie bei der Wanderung 37 beschrieben, folgt man dem Weg über das Gebäudjoch, 2.452 m, und das Gufelgrasjoch, 2.382 m, zur Steinseehütte und wandert durch das Starkenbachtal hinaus nach Zams. Gehzeit 6 Stunden, mittel.

Alpengasthöfe und Unterkunftshütten

Alle Angaben ohne Gewähr! Bitte erfragen Sie vor Beginn der Wanderung im Talort die Bewirtschaftungszeit und erkundigen Sie sich, ob eine Übernachtungsmöglichkeit besteht!

Die Telefonnummern der wichtigsten Alpengasthöfe und Unterkunftshütten finden Sie auf Seite 123.

Lechtaler Alpen

Ansbacher Hütte 2.376 m, Alpenverein, Post: A-6551 Pians, im Sommer bewirtschaftet. Zugänge: von Schnann, $3^1/_2$ Std.; von Flirsch $3^1/_2$ Std. Übergänge (siehe »Höhenwege von Hütte zu Hütte«): zur Augsburger Hütte, 9 Std. (nur für Geübte); zur Frederick-Simms-Hütte, 4 Std.; zur Kaiserjochhütte, $4^1/_2$ Std. (nur für Geübte); zur Memminger Hütte, $5^1/_2$ Std. (mittel). Gipfel: Samspitze, 2.625 m, $^3/_4$ Std. (leicht).

Augsburger Hütte, 2.289 m, Alpenverein, Post: A-6591 Grins, im Sommer bewirtschaftet. Zugang: von Grins, 4 Std. Übergänge (siehe »Höhenwege von Hütte zu Hütte«): zur Ansbacher Hütte, 9 Std. (nur für Geübte); zur Memminger Hütte (»Spiehlerweg«), 5 Std. (nur für Geübte). Gipfel: Parseierspitze, 3.036 m, $2^1/_2$ Std. (nur für Geübte, mäßig schwierige Kletterei, II–); Glatschkopf, 2.945 m, $1^1/_2$ Std. (mittel).

Biwakschachtel auf der Parseierscharte (Augsburger Biwakschachtel), 2.604 m, Alpenverein, unbewirtschaftet aber stets zugänglich, Übernachtungsmöglichkeit für 4 Personen. Zugänge: die Biwakschachtel liegt in der Wegmitte des Augsburger Höhenweges.

Dawin-Skihütte, 1.828 m, Privat, Post: A-6571 Strengen, im Sommer bewirtschaftet. Zugang: von Strengen, $2^1/_2$ Std.

Galzigbahn-Bergstation, 2.082 m, privat, Post: A-6580 St. Anton am Arlberg, im Sommer und Winter bewirtschaftet. Zugang: mit der Seilbahn.

Gampen-Wirtshaus, 1.846 m, privat, Post: A-6580 St. Anton am Arlberg, im Sommer und Winter bewirtschaftet. Zugang: mit dem Lift.

Grinner Skihütte, 1.651 m, privat, Post: A-6591 Grins, ganzjährig bewirtschaftet. Zugang: von Grins, $2^1/_2$ Std.

Kaiserjochhütte, 2.310 m, Alpenverein, Post: A-6574 Pettneu am Arlberg, im Sommer bewirtschaftet. Zugänge: von Kaisers, $2^1/_2$ Std.; von Pettneu, $3^1/_2$ Std. Übergänge: zur Leutkircher Hütte, 2 Std.; zur Ansbacher Hütte, $4^1/_2$ Std. (nur für Geübte); zur Frederick-Simms-Hütte, 5 Std. (nur für Geübte); zur Bergstation der Kapallseilbahn über die Leutkircher Hütte, 4 Std. (nur für Geübte). Gipfel: Stanskogel, 2.757 m, $3^1/_2$ Std. (mittel); Grießkopf, 2.582 m, 1 Std. (leicht).

Kapallhaus, 2.333 m, privat, Post: A-6580 St. Anton am Arlberg, im Sommer und Winter bewirtschaftet. Zugang: mit dem Lift. Übergänge: zur Leutkircher Hütte, 2 Std.; zur Ulmer Hütte, 2 Std.

Leutkircher Hütte, 2.252 m, Alpenverein, Post: A-6574 Pettneu am Arlberg, im Sommer bewirtschaftet. Zugänge: von St. Anton, 3 Std.; von der Bergstation der Kapallseilbahn, 2 Std. (nur für Geübte); von St. Jakob, 3 Std.; von Pettneu, 4 Std.; von Kaisers, $3^1/_2$ Std. Übergänge: zur Kaiserjochhütte, $2^1/_2$ Std. (siehe »Höhenwege von Hütte zu Hütte«); zur Stuttgarter Hütte, 4 Std. (mittel); zur Ulmer Hütte, $3^1/_2$ Std. (nur für Geübte). Gipfel: Stanskogel, 2.757 m, 2 Std. (mittel).

Steinseehütte, 2.030 m, Alpenverein, Post: A-6511 Zams, im Sommer bewirtschaftet. Zugang: von Starkenbach über die Alfuzhütte, $4^3/_4$ Std. Übergänge: zur Hanauer Hütte, $2^1/_2$ Std. über die Westliche (Vordere) Dremelscharte; zur Hanauer Hütte über die Östliche (Hintere) Dremelscharte, $3^1/_2$ Std. (nur für Geübte); zur Württemberger Hütte, 4 Std. (nur für Geübte, siehe »Höhenwege von Hütte zu Hütte«). Gipfel: nur für Kletterer.

Ulmer Hütte, 2.279 m, Alpenverein, Postltz.: A-6580 St. Anton am Arlberg, im Sommer und Winter bewirtschaftet. Zugänge: von Stuben, 3 Std.; von St. Christoph am Arlberg, $1^3/_4$ Std.; von der Bergstation der Galzigbahn, 1 Std. Übergänge: zur Leutkircher Hütte, 3 Std.; zur Stuttgarter Hütte, $3^1/_2$ Std. Gipfel: Valluga, 2.811 m, $1^1/_2$ Std. (Gipfelgrat auch mit Seilbahn).

Valluga-Gastwirtschaft, 2.646 m, privat, Post: A-6580 St. Anton am Arlberg, im Sommer und Winter bewirtschaftet. Zugänge: mit dem Lift; von St. Christoph, 3 Std. Übergänge: zur Ulmer Hütte, $1^1/_2$ Std.; zur Leutkircher Hütte, 3 Std.

Württemberger Haus, 2.220 m, Alpenverein, Post: A-6511 Zams, im Sommer bewirtschaftet. Zugänge: von Zams durchs Zammer Loch, 5 Std.; von Madau, 5 Std. (nur für Geübte) durchs Röttal, vorbei am Schiefersee und über das Leiterjöchl, 2.516 m; von Gramais, 6 Std. (mittel), über den Branntweinboden, die Gufelhütte und die Bitterscharte, 2.535 m. Übergänge (siehe »Höhenwege von Hütte zu Hütte«): zur Steinseehütte, $3^3/_4$ Std. (nur für Geübte); zur Memminger Hütte, $4^1/_2$ Std. (mittel). Gipfel: Großbergkopf, 2.612 m, $1^1/_2$ Std. (mittel), der Gipfel liegt im Verlauf des Übergangs zur Memminger Hütte; Bittrichkopf, 2.698 m, $1^1/_2$ Std. (nur für Geübte), weglos über den schuttbedeckten Nordwestgrat von der Bitterscharte; alle übrigen Gipfel des Medriolgebietes sind dem Kletterer vorbehalten.

Ötztaler Alpen

Anton-Renk-Hütte, 2.261 m, Alpenverein, Post: A-6531 Ried im Oberinntal, unbewirtschaftet, Anmeldung erforderlich, Schlüsselverleih. Zugänge: von Fendels über die Fendler Alm und das Zirmsköpfl, 3 Std.; von Ried über den Wassertalweg, die Bichli-Alm und das Zirmsköpfl, $3^{1}/_{2}$ Std.; von Ried über die Stalanzer Alm, 4 Std. Übergang: zum Gepatschhaus über die Scharte östlich der Äußeren Rifekarspitze, auf dem AV-Steig 931, 8 Std. (nur für Geübte). Gipfel: Feichtener Karlspitze, 2.918 m, über die Fendler Alm und die Nordwestseite, 3 Std. (nur für Geübte); Alter Mann, 2.895 m, über die Kuppscharte und die Südflanke, $1^{1}/_{2}$ Std. (nur für Geübte); Pfroslkopf, 3.148 m, über den Fallenden Bach-Ferner und die Nordflanke, 4 Std. (nur für Geübte).

Fendler Alm, 1.955 m, privat, Post: A-6522 Prutz, im Sommer bewirtschaftet. Zugang: von Fendels, 1 Std. Übergang: zur Anton-Renk-Hütte, 2 Std. Gipfel: Zirmsköpfl, 2.090 m, 1 Std.

Gepatschhaus, 1.928 m, Alpenverein, Post: A-6524 Feichten, im Sommer bewirtschaftet. Zugang: mit dem Auto oder dem Bus auf der Kaunertal-Gletscherstraße. Übergänge: zum Taschachhaus über das Ölgrubenjoch, 3.095 m, vergletscherter Übergang, 6 Std. (nur für Geübte); zum Brandenburger Haus, über die Rauhekopfhütte und den Gepatschferner, 6 Std. (nur für Geübte); zum Hohenzollernhaus über das Riffljoch, 3.146 m, vergletscherter Übergang, 6 Std. (nur für Geübte); zum Hohenzollernhaus über das Glockturmjoch, 3.005 m, und durch das Krummgampental, 5 Std. (mittel); nach Melag im Langtauferer Tal (Italien) über das Weißseejoch, 2.970 m, 5 Std. (mittel). Gipfel: Glockturm, 3.353 m, durch das Krummgampental und über den Südostgrat, 4 Std. (mittel).

Goglesalpe, 2.017 m, privat, Post: A-6521 Fließ, im Sommer bewirtschaftet. Zugänge: von Fließ, $2^{1}/_{2}$ Std.; von Piller, $1^{1}/_{2}$ Std. Übergänge: zur Venetalphütte, 3 Std.; Piller, $1^{1}/_{2}$ Std. Gipfel: Krahberg, 2.208 m, $1^{1}/_{2}$ Std. (leicht); Venet, 2.512 m, 2 Std. (mittel).

Goldseehütte, Alpengasthof, 1.900 m, privat, Post: A-6543 Nauders, im Sommer bewirtschaftet. Zugang: von Nauders auf Weg Nr. 19, $1^{1}/_{2}$ Std. Übergang: zum Hohenzollernhaus über das Tscheyjoch, 2.600 m, und den Berglboden, $4^{1}/_{2}$ Std. Gipfel: Tscheyeck, 2.666 m (Weg Nr. 24), 2 Std. (leicht), vom Tscheyeck kann man eine Gratwanderung über den Schafkarkopf, 2.677 m, zum Schartlkopf, 2.808 m und Valdafurkopf, 2.746 m (Weg Nr. 25), nach Stablesboden und über die Valdafuralm zurück zur Hütte (leicht); auf den Piengkopf, 2.789 m (Weg Nr. 29), 2 Std. (mittel); Großer Schafkopf, 2.998 m, über das Wölfelesjoch (Weg Nr. 21), 3 Std. (nur für Geübte).

Greit, Alpengasthof, 1.407 m, privat, Post: A-6542 Pfunds, ganzjährig bewirtschaftet. Zugang: mit Kfz erreichbar. Übergang: zum Hohenzollernhaus, 4 Std. Gipfel: Frudigerjoch, 2.150 m (Weg Nr. 14), 2 Std. (leicht).

Hohenzollernhaus, 2.123 m, DAV, Post: A-6542 Pfunds, im Sommer bewirtschaftet. Zugang: von Pfunds, 4 Std. Übergänge: zur Goldseehütte über den Berglboden und das Tscheyjoch, 2.600 m, 4 Std.; zum Gepatschhaus über das Glockturmjoch, 3.005 m, und durch das Krummgampental, $4^{1}/_{2}$ Std. (mittel); zum Gepatschhaus über das Riffljoch, 3.146 m, vergletscherter Übergang, $5^{1}/_{2}$ Std. (nur für Geübte); nach Melag im Langtauferer Tal (Italien) über die Radurschlscharte, 2.872 m (Weg Nr. 19 auf österr. Seite, Weg Nr. 7 auf ital. Seite), $3^{1}/_{2}$ Std. (mittel). Gipfel: Glockturm, 3.353 m, über das Riffljoch und den Nordgrat, $3^{1}/_{2}$ Std. (nur für Geübte); Nauderer Hennesiglspitze, 3.141 m (Staatsgrenze), über die Nordostflanke, 3 Std. (nur für Geübte).

Jochhütte, 1.950 m, privat, Post: A-6522 Prutz, im Sommer bewirtschaftet. Zugang: von Prutz, 3 Std. Übergang: zur Anton-Renk-Hütte, 2 Std.

Langesberg-Almhütte (Venethütte), 1.732 m, Sportverein Zams, Post: A-6511 Zams, zeitweise bewirtschaftet. Zugang: von Zams, 3 Std. ($^{1}/_{2}$ Std. von der Zwischenstation der Venetseilbahn). Gipfel: Venetberg, 2.512 m, 3 Std. (leicht); Krahberg, 2.208 m, 2 Std. (leicht). Skigebiet.

Nauderer Skihütte, 1.913 m, Alpenverein, Post: A-6543 Nauders, unbewirtschaftet, Anmeldung erforderlich. Einige Minuten von der Goldseehütte entfernt; alle weiteren Angaben siehe dort.

Venetalphütte, 1.994 m, privat, Post: A-6491 Schönwies, im Sommer bewirtschaftet. Zugänge: von Imsterberg, 3 Std.; von Schönwies, 3 Std. Übergänge: zum Hotel Plattenrain, $1^{1}/_{2}$ Std.; zur Goglesalpe, 3 Std.; zur Bergstation der Venetberg-Seilbahn, $3\,^{1}/_{2}$ Std. Gipfel: Venet, 2.512 m, $2^{1}/_{2}$ Std. (mittel).

Verpeilhütte, 2.025 m, Alpenverein, Post: A-6524 Feichten, im Sommer bewirtschaftet. Zugang: von Feichten, 2 Std. Übergang: zur Kaunergrathütte, 3 Std. Gipfel: Madatschkopf, 2.783 m, 2 Std.

Zammer Skihütte, 1.740 m, privat, einige Minuten von der Langesberg-Almhütte entfernt; alle weitere Angaben siehe dort.

Samnaungruppe

Alp Trida Skihaus, 2.263 m, privat, Post: CH-7551 Compatsch, im Sommer bewirtschaftet. Zugang: von Compatsch, $1^1/_2$ Std. Übergänge: zur Idalpe, $3^1/_2$ Std., zum Bodenhaus im Fimbatal, 5 Std. Gipfel: Flimspitze, 2.929 m, 2 Std. (mittel); Greitspitze, 2.871 m, $1^3/_4$ Std. (leicht).

Ascher Hütte, 2.256 m, Alpenverein, Post: A-6553 See, im Sommer bewirtschaftet. Zugänge: mit dem Sessellift ab See, von der Bergstation $^1/_4$ Std.; von See, $3^1/_2$ Std.; von Tobadill, 5 Std. Übergang: zum Kölner Haus, $3^1/_2$ Std. Skigebiet.

Hexenseehütte, 2.580 m, Alpenverein, Post: A-6534 Serfaus, im Sommer und Winter bewirtschaftet. Zugang: vom Kölner Haus über Lazid und Arrezjoch, 4 Std. Übergang: zur Ascher Hütte, 4 Std. Gipfel: Masnerkopf, 2.828 m, über den Grat, 1 Std. (leicht); Hexenkopf, 3.035 m, über das Arrezjoch, 2.587 m, und das Masnerjoch, 2.685 m, $1^3/_4$ Std. (mittel).

Idalpe, Alpengasthof, 2.311 m, privat, Post: A-6561 Ischgl, im Sommer und Winter bewirtschaftet. Zugang: von Ischgl mit der Seilbahn oder zu Fuß in $2^1/_2$ Std. Übergänge: zum Gasthof Boden im Fimbatal, $1^1/_2$ Std.; zur Alp Trida, $3^1/_2$ Std.; zur Heidelberger Hütte, 6 Std. Gipfel: Bürkelkopf, 3.032 m, $2^1/_4$ Std. (leicht); Greitspitze, 2.871 m, 2 Std. (leicht).

Kölner Haus, 1.965 m, Alpenverein, Post: A-6534 Serfaus, im Sommer und Winter bewirtschaftet. Zugänge: von Serfaus, 2 Std. oder mit der Seilbahn. Übergang: zur Ascher Hütte 4–5 Std.; zur Hexenseehütte, 3 Std. Gipfel: Hexenkopf 3.035 m, 5–6 Std. (mittel); Furgler, 3.004 m, 4 Std. (mittel); Blankakopf, 2.892 m, 3–4 Std. (mittel). Skigebiet.

Trisannabrücke, Alpengasthof, 960 m, privat, Post: A-6551 Tobadill, ganzjährig bewirtschaftet. Zugänge: von Pians über die Paznauntalstraße, Kfz zum Haus; von Tobadill, 1 Std.

Verwallgruppe

Darmstädter Hütte, 2.384 m, Alpenverein, Post: A-6580 St. Anton am Arlberg, im Sommer bewirtschaftet. Zugang: von St. Anton, 4 Std. Übergänge: zur Konstanzer Hütte, auf dem Apothekerweg, $3^1/_2$ Std.; zur Friedrichshafener Hütte, auf dem Dürrweg, 4–5 Std.; zur Niederelbehütte, auf dem Hoppe-Seyler-Weg, 5 Std. Gipfel: Scheibler, 2.988 m, 2 Std. (leicht, Achtung: Gletscherspalten am Kuchenferner!); Saumspitze, 3.039 m, $2^1/_2$ Std. (mittel); Kuchenspitze, 3.148 m, $4^1/_2$ Std. (schwierig).

Dias-Alpengasthof, 1.863 m, privat, Post: A-6555 Kappl, im Sommer bewirtschaftet. Zugänge: von Kappl, $1^1/_4$ Std. oder mit dem Lift. Übergänge: zur Niederelbehütte, $1^1/_2$ Std.; zur Edmund-Graf-Hütte, 4 Std.

Edmund-Graf-Hütte, 2.408 m, Alpenverein, Post: A-6574 Pettneu am Arlberg, im Sommer bewirtschaftet. Zugänge: von Pettneu, 3 Std.; von Kappl, $3^1/_2$ Std. Übergang: zur Niederelbehütte auf dem Rifflerweg, 4 Std. Gipfel: Hoher Riffler, 3.168 m, und Blankahorn, 3.129 m, $2^1/_2$ Std. (leicht).

Kieler Wetterhütte, 2.800 m, Alpenverein, offene Unterstandshütte, Übernachtungsmöglichkeit für 4 Personen. Zugang: die Biwakschachtel liegt in der Mitte des Hoppe-Seyler-Weges am Fuße der Fatlarspitze auf der Oberen Fatlarscharte. Übergänge: zur Niederelbehütte, 2 Std.; zur Darmstädter Hütte, $3^1/_2$ Std.

Konstanzer Hütte, 1.700 m, Alpenverein, Post: A-6580 St. Anton am Arlberg, im Sommer bewirtschaftet. Zugang: von St. Anton am Arlberg, 2 Std. Übergänge: zur Darmstädter Hütte, auf dem Apothekerweg, $3^1/_2$ Std.; zur Friedrichshafener Hütte, $3^1/_2$ Std.; zur Heilbronner Hütte, über das Wannenjöchli, 4 Std.; oder durch das Schönverwalltal, $2^1/_2$ Std. Gipfel: Scheibler, 2.988 m, $2^1/_2$ Std. (leicht); Kuchenspitze, 3.148 m, 5 Std.; Patteriol, 3.056 m, 5 Std. (beide schwierig).

Niederelbehütte, 2.310 m, Alpenverein, Post: A-6555 Kappl, im Sommer bewirtschaftet. Güterseilbahn vom Paznauntal. Zugang: von Kappl, 3 Std. Übergänge: zur Darmstädter Hütte, auf dem Hoppe-Seyler-Weg, 5 Std.; zur Edmund-Graf-Hütte, 4 Std.; zum Alpengasthof Dias, $1^1/_2$ Std.

***Alpines Notsignal: Sechsmal** innerhalb einer Minute in regelmäßigen Zeitabständen ein sichtbares oder hörbares Zeichen geben und hierauf eine Pause von einer Minute eintreten lassen. Das gleiche wird wiederholt, bis Antwort erfolgt.*
***Antwort:** Innerhalb einer Minute wird **dreimal** in regelmäßigen Zeitabständen ein sichtbares oder hörbares Zeichen gegeben.*

Telefon- und Faxnummern der Tourismusverbände bzw. Gemeindeämter:

	Telefon	Fax
Fiss	0 54 76/64 41	0 54 76/68 24
Fließ	0 54 49/52 24	0 54 49/53 43
Flirsch	0 54 47/55 64	0 54 47/56 53
Grins	0 54 42/6 38 27	
Ischgl	0 54 44/52 66	0 54 44/56 36
Kappl	0 54 45/62 43 und 64 11	0 54 45/61 63
Kaunertal - Kauns -Kaunerberg	0 54 75/3 08 und 0 54 72/67 13 und 65 00	0 54 75/4 69
Ladis - Obladis	0 54 72/66 01	0 54 72/22 77
Landeck	0 54 42/6 23 44	0 54 42/6 78 30
Nauders	0 54 73/2 20 und 2 06	0 54 73/6 27
Pettneu am Arlberg	0 54 48/2 21 und 5 61	0 54 48/5 60
Pfunds	0 54 74/52 29	0 54 74/55 32
Pians	0 54 42/6 40 49	
Prutz - Faggen - Fendels	0 54 72/62 67 und 21 25	0 54 72/21 24
Ried im Oberinntal	0 54 72/64 21	0 54 72/61 93
St. Anton am Arlberg	0 54 46/22 69	0 54 46/25 32-15
Samnaun	0 81/8 68 51 54 (Vorwahl Schweiz: 05)	
Schnann am Arlberg	0 54 47/56 58	
Schönwies	0 54 18/52 38	
See im Paznauntal	0 54 41/2 96 (62 96)	0 54 41/2 96-16 (62 96-16)
Serfaus	0 54 76/62 39	0 54 76/68 13
Spiss	0 54 74/53 94 13	
Strengen	0 54 47/58 37	
Tösens	0 54 77/2 30	
Zams	0 54 42/6 33 95	0 54 42/6 33 95

Telefonnummern der wichtigsten Alpengasthöfe und Unterkunftshütten:

Lechtaler Alpen
Ansbacher Hütte 06 63/5 42 82 und 0 54 42/3 93 74
Augsburger Hütte 0 54 42/6 36 04 und 3 10 83
Kaiserjochhütte 0 56 72/34 07
Leutkircher Hütte 0 54 48/2 07
Steinseehütte 06 63/5 75 93 und 0 54 42/3 70 55
Ulmer Hütte 0 55 82/2 41 und 05 12/73 87 93
Württemberger Haus 0 54 42/6 42 62

Ötztaler Alpen
Anton-Renk-Hütte: Schlüssel bei H. Sailer, Schuhhaus, A-6531 Ried Nr. 64, Tel. 0 54 72/62 78
Gepatschhaus 0 54 42/6 38 14 und 0 54 75/2 15
Hohenzollernhaus 0 54 74/58 86
Nauderer Skihütte: Auskunft im Tal: 0 54 73/2 59 und 3 57, Anmeldung bei der DAV-Sektion Bremen, Eduard-Grunow-Straße 30, D-28203 Bremen, Tel. 04 21/7 24 84
Verpeilhütte 0 54 75/2 18 und 3 25
Zammer Skihütte 0 54 42/23 91

Samnaungruppe
Ascher Hütte 0 54 41/3 30 und 4 45
Kölner Haus 0 54 76/62 14 und 0 54 72/23 10
Idalpe 0 54 44/52 33

Verwallgruppe
Darmstädter Hütte 0 54 42/3 98 32 und 0 54 46/31 30
Dias-Alpengasthof 0 54 45/2 60
Edmund-Graf-Hütte 0 54 48/5 55 und 0 54 42/27 21
Konstanzer Hütte 0 54 46/25 38 und 06 63/5 58 89
Niederelbehütte 0 54 45/63 55

Alle Angaben ohne Gewähr!

Orte · Hütten · Berge

KOMPASS-Verlagsprogramm

Fleischmann & Mair GmbH A-6040 Innsbruck/Rum

KOMPASS-Wanderkarten
1:50.000

2	Bregenzerwald-Westallgäu
3	Allgäuer Alpen-Kleinwalsertal
03	Oberstdorf-Kleinwalsertal
4	Füssen-Außerfern
04	Tannheimer Tal 1:35.000
5	Wettersteingebirge
9	Kaisergebirge
09	Kufstein-Kaisergebirge 1:30.000
012	Kössen-Zahmer Kaiser 1:30.000
014	Loferer Steinberge 1:35.000
15	Tennengebirge-Hochkönig
17	Salzburger Seengebiet
017	Salzburg u. Umgebung 1:35.000
18	Nördliches Salzkammergut
018	Wolfgangsee 1:35.000
19	Almtal-Steyrtal-Totes Gebirge
20	Dachstein-Südliches Salzkammergut
21	Feldkirch-Vaduz
021	Brand 1:25.000
24	Lechtaler Alpen-Hornbachkette
25	Ehrwald-Lermoos-Mieminger Kette
26	Karwendelgebirge
026	Seefeld in Tirol-Leutasch 1:25.000
27	Achensee-Rofangebirge
28	Nördliches Zillertal
29	Kitzbüheler Alpen
029	Kitzbühel 1:30.000
30	Saalfelden-Leoganger Steinberge
030	Zell am See-Kaprun 1:30.000
31	Radstadt-Schladming
031	Ramsau-Dachstein 1:25.000
32	Bludenz-Schruns-Klostertal
032	Alpenpark Montafon 1:35.000
33	Arlberg-Nördliche Verwallgruppe
35	Imst-Telfs-Kühtai
36	Innsbruck-Brenner
036	Innsbruck und Umgebung 1:30.000
37	Zillertaler Alpen-Tuxer Voralpen
037	Mayrhofen-Tuxer Tal-Zillergrund 1:25.000
38	Venedigergruppe-Oberpinzgau
39	Glocknergruppe-Zell am See
40	Gasteiner Tal-Goldberggruppe
040	Badgastein-Bad Hofgastein 1:30.000
41	Silvretta-Verwallgruppe
42	Landeck-Nauders-Samnaungruppe
042	Inneres Ötztal-Gurgler Tal-Venter Tal 1:25.000
43	Ötztaler Alpen
45	Defereggental-Lasörlinggruppe
46	Matrei in Osttirol-Venedigergruppe
47	Lienzer Dolomiten-Lesachtal-Karnischer Höhenweg
047	Lienzer Talboden 1:25.000
48	Kals am Großglockner
49	Mallnitz-Obervellach
50	Heiligenblut-Großkirchheim
60	Gailtaler Alpen-Karnische Alpen
61	Wörther See-Ossiacher See
061	Wörther See-Klagenfurt 1:30.000
62	Ossiacher See-Feldkirchen 1:30.000
062	Villach-Faaker See 1:25.000
63	Millstätter See-Nockgebiet
063	Bad Kleinkirchheim-Nationalpark Nockberge 1:25.000
64	Villacher Alpe-Unteres Drautal
064	Villach-Warmbad Villach 1:22.500
65	Klopeiner See-Karawanken
065	Klopeiner See 1:30.000
66	Maltatal-Liesertal
67	Lungau-Radstädter Tauern
68	Ausseerland-Ennstal
69	Gesäuse-Pyhrn-Priel
80	Großarltal-Kleinarltal
81	Alpbach-Gerlos-Wildschönau
83	Stubaier Alpen-Serleskamm
134	Glantal-St. Veit-Wimitzer Berge
198	Westliches Mühlviertel
207	Wachau-Nibelungengau
208	Wanderlogbuch Wien-Wienerwald 1:35.000
209	Wienerwald 1:35.000
210	Wiener Hausberge 1:35.000
212	Hochschwab-Mariazell 1:35.000
215	Neusiedler See
217	Südsteirisches Weinland 1:35.000
218	Koralpe-Pack-Soboth